Wortschatz Französisch

blicken statt büffeln

Die Vergissmeinnicht-Methode zum Vokabellernen

von Tien Tammada

PONS GmbH
Stuttgart

PONS

Wortschatz Französisch blicken statt büffeln

von
Tien Tammada

1. Auflage 2018

Originaltitel: รู้ทันสันดานศัพท์...ฝรั่งเศส forget-me-not

Übersetzung: Hubert Möller
Co-Übersetzung: Daniel Monnin, Veerapat Srisuntisuk, Tien Tammada
Redaktionelle Bearbeitung: Dr. Christiane Wirth (Wirth Lasse GbR, Marburg)
Logoentwurf: Erwin Poell, Heidelberg
Logoüberarbeitung: Sabine Redlin, Ludwigsburg
Einbandgestaltung: Ilham Widmann
Coverfoto (Vergissmeinnicht): shutterstock/Bo Valentino
Coverillustration (Büffel): Illustrathomas Thomas Hartmann
Illustrationen Innenteil: Kirkbura Yomnage, K. Kiattisak
Satz/Layout: Wachana Luewattananon, Ta Tammadien
Druck und Bindung: Multiprint GmbH

ISBN: 978-3-12-562973-8

Inhalt

Vorwort des Übersetzers

Hubert Möller

Zwei große Irrtümer rauben uns die Freude am Lernen

Mein Freund Tien Tammada hat mich gebeten, sein Buch zum leichteren Umgang mit der Sprache in Deutsche zu übersetzen.

Zwei andere seiner Bücher, die ich ebenfalls übersetzen durfte, nämlich *Zeiten und Tenses blicken statt büffeln* und *Wortschatz Englisch blicken statt büffeln*, haben mir von vorne bis hinten Freude bereitet und mich inhaltlich total überzeugt.

Normalerweise meidet jeder gerne so ein Büffel-Thema, wenn es irgendwie geht. In der Schule muss man meist gegen seinen eigenen Willen und ohne Freude durchhalten. Aber Tien Tammada schafft es mit seinen Büchern, langweilige, trockene Themen in kurzweilige, spannende und interessante zu verwandeln.

Wie hat er das geschafft? Was war der Trick dabei?

Es ist so normal für uns, dass das Lernen fremdsprachiger Grammatik oder Vokabeln keinen Spaß macht. Wir nehmen dies als eindeutige Tatsache, die wir gar nicht in Frage stellen. Jeder stöhnt entnervt, wenn es darum geht, Grammatik oder Vokabeln zu pauken.

Bei Tien Tammadas Büchern ist im Hinblick auf diese Eindeutigkeit ein Zaubertrick verborgen. Er kehrt die Aussage und die Wirkung solcher Sätze kurz und bündig in ihr Gegenteil um. Ohne zu begreifen wie, machen die Grammatik und die Beschäftigung mit Vokabeln durch seine Bücher plötzlich Freude!

Als Psychotherapeut ist es meine tägliche Aufgabe, Dinge und Umstände zu hinterfragen. Natürlich hat es mich als Therapeuten deswegen gejuckt, Tien Tammadas Zaubertrick in der Tiefe zu begreifen. Und dabei kam ich auf eine Antwort auf die Frage, was den Reiz seiner Bücher ausmacht:

Wir haben in unseren Köpfen, tief vergraben, zwei Dinge abgespeichert, die für uns Grundvoraussetzung für unser Lernverhalten bei Fremdsprachen sind:

1. „Lernen macht keinen Spaß!"

Wir kommen als kleine Knirpse auf die Welt und sind eigentlich angefüllt mit Lust aufs Lernen. Wir platzen geradezu vor Spaß am Neuen und Fremden. Keiner kann uns dabei zügeln oder bremsen. Alles, jede winzige Kleinigkeit, saugt unser Gehirn mit einem unstillbaren Lern- und Wissensdurst auf. Ein perfektes inneres System verarbeitet alles und bringt es an die richtige Stelle, die es für immer behält.

Das ist ein System aus Erinnerungen, Bildern, Gefühlen und Erfahrungen. Und es arbeitet unglaublich professionell zusammen. Bei jedem von uns!

Dadurch ist es möglich, dass jeder in Windeseile von klein an nicht nur seine Umgebung, sondern auch seine Mitmenschen kennenlernt und mit allem vertraut wird. Nur dadurch lernen wir binnen kurzer Zeit das Laufen, was ein riesengroßes Koordinations-Körperkunststück ist, sowie das Kommunizieren mit unserer Umwelt. Eine Kommunikationsmöglichkeit ist das Sprechen, wir haben noch unendlich viel mehr drauf, aber davon soll hier jetzt keine Rede sein.

Aber was passiert mit unserer Kommunikationslust, diesem Vulkan an Wissbegier, uns mit unseren Mitmenschen verständigen zu können? Baut diese sich ab, wenn wir älter werden? Ist sie uns nur für einen kleinen Teil des Lebens geschenkt und wir müssen sie danach wieder abgeben? Ist sie nur eine Leihgabe auf Zeit?

Die Antwort darauf ist ganz klar: Nein!

Würden wir nicht gezielt daran arbeiten, unsere Kommunikationslust zu vertreiben, würde sie unser ganzes Leben lang nicht in einen Dornröschenschlaf fallen. Irgendwer oder irgendetwas hat uns ins Ohr geflüstert: Lernen ist blöd! Und das haben wir so oft gehört, es wurde auf der inneren Tonschleife so oft abgespielt, dass wir es jetzt glauben und unausgesprochen davon überzeugt sind. Also: Küssen wir unser inneres Dornröschen wieder wach, wecken wir es aus seinem Schlaf, und ab geht die Post!

Das ist der erste Irrtum, auf den ich beim Nachforschen kam.
Der zweite Irrtum, der in unseren Köpfen herumschwirrt, lautet:

2. „Halte das, was du lernen musst, gering, damit du eine Chance hast, es zu behalten!"

Auch hier verhält es sich so, dass wir diese Aussage so oft gehört haben, dass wir sie als Wahrheit verinnerlicht und in unserem Kopf abgespeichert haben, ohne sie in Frage zu stellen!

Als Therapeut, der stets bemüht ist, Negativsätze im Unterbewussten aufzufinden und aufzulösen und eigene Möglichkeiten zur Verbesserung und Veränderung persönlicher Lebensumstände zu finden, sage ich dir, das Gegenteil ist wahr!

Je mehr du lernst, desto besser für das Gehirn und seine Merk- und Lernfähigkeit!
Auch das wusstest du als Baby intuitiv, aber du hast es vergessen.

Lass uns gemeinsam Techniken anwenden, die unser Gehirn wieder ansprechen und es ernst nehmen. Und damit fangen wir beim Vokabellernen an. Ich flüstere dir heimlich ins Ohr, dass dieses System nicht nur beim Vokabellernen funktioniert, sondern auch bei allem anderen, was wir gerne lernen möchten. Aber wir wenden uns jetzt dem Vokabellernen zu.

Tien Tammada zeigt dir nicht nur eine hilfreiche Technik, sondern gleich fünf.

Mit diesen fünf Techniken von Tien Tammadas Vergissmeinnicht-Blütenblättern packt er Wörter in Gruppen, damit wir sie danach nie mehr vergessen. Wenigstens eine dieser Techniken wird bei jeder Vokabel passen, die wir bald lernen werden. Wenn es nicht die erste ist, dann ist es die zweite oder dritte usw. Oder es passen die erste und die vierte oder die zweite, dritte und fünfte gemeinsam. Egal wie, mit seinem Vergissmeinnicht-Blümchen bleiben wir immer auf der sicheren Seite!

Aber das muss doch zunächst wie ein großer Schwindel auf dich wirken: Tien Tammada preist dir Techniken an, mit denen du leichter Vokabeln lernen und sie dauerhaft behalten sollst, und er sagt dabei: „Wenn du eine Vokabel lernen willst, lerne gleich fünf, dann fällt es dir leichter."

Was für ein Unsinn, wenn man sich dann nicht nur ein Wort merken muss, sondern gleich eine ganze Gruppe, wird es ja noch schwieriger!

Nein, das Gegenteil ist der Fall.

Das Gehirn hat nahezu unendliche Kapazitäten! Das Problem beim Vokabellernen ist nicht die Fülle, die uns vergessen lässt. Das Problem ist, dass das Gehirn keine Anhaltspunkte findet, wahllos viele Vokabeln zu speichern. Anders ist es, wenn wir dem Gehirn eine Struktur, eine Zuordnung, eine Wortgruppe anbieten. Dann macht es sofort willig auf und sagt:

„Komm, gib mir noch mehr, ich brauche mehr Stoff, um nicht einzuschlafen."

Wer hätte das gedacht, mehr ist in diesem Fall also leichter als wenig!
Ich will es dir in einem Bild erklären, weil unser Gehirn Bilder liebt! Dieses Phänomen machen wir uns auch später bei unseren Techniken zunutze.
Stell dir vor, du trittst vor dein Gedächtnis mit einer Vokabel und bittest es, diese für dich zu behalten. Das Gedächtnis ist klug, viel klüger, als du denkst. Und es ist auch ein bisschen eingebildet wegen seiner Klugheit. Das Gehirn sieht dich in diesem Fall also überheblich von oben bis unten an, wenn du mit deiner Vokabel vor ihm stehst. Es schlägt beleidigt die Beine übereinander, verschränkt die Arme vor der Brust und raunzt:

„Was denn, dafür soll ich mich bewegen? Für ein einzelnes, popeliges Wörtchen? Was glaubst du denn, wen du vor dir hast? Vergiss es!"

Und genau das passiert dann auch: Wenn du dein Gedächtnis nicht zur Kooperation motivieren kannst, spielt es nicht mit und du wirst diese Vokabel auf Teufel komm raus nicht behalten. Da ändert es auch nichts, wenn du mit 20 oder 30 Einzelvokabeln vor dein Gedächtnis trittst. Es wird genauso reagieren, weil das Prinzip dabei das gleiche bleibt.

Wenn du aber mit dem neuen Konzept deinem Gedächtnis entgegentrittst, wird es aufmerksam aufblicken, sich ernst genommen fühlen, freudig die Augen aufreißen, uns eine Handfläche entgegenhalten und rausposaunen:

„Hey, Checker, give me five! Das ist genau das, was ich brauche!"

Und während du einschlägst, wirst du verstehen, dass du dein Gedächtnis auf deine Seite gezogen hast. Ab jetzt seid ihr ein Team und keine Gegner mehr.

Vorwort des Autors

Vergissmeinnicht

Vokabeln gibt es viel wie Sterne,
behalten willst du alle gerne.
So unermüdlich büffelst du –
doch das Vergessen folgt im Nu.
Dabei hat das Gedächtnis Platz
für den gesamten Wörterschatz!

Ein kleines Blümchen kennt die List,
mit der du Wörter nicht vergisst:
Es heißt Vergissmeinnicht. Gebracht
hab ich es dir, und seine Pracht
bringt dir, als wär' es Zauberei,
ganz leicht und schnell Vokabeln bei.

Einleitung

Jeder, der es zum ersten Mal mit einer neuen Fremdsprache zu tun hat, steht vor einem Problem, das ihm schnell die Freude am Lernen verderben kann: Man vergisst die neu gelernten Vokabeln der Fremdsprache schneller, als man sie gelernt hat.

Das kann einen ganz schön entmutigen!

Also: Wie kriegen wir dieses Problem gelöst? Wie bekommen wir den Haken beim Sprachenlernen raus, damit alleine die Freude daran und der Erfolg übrig bleiben?

Wenn wir es den Kindern nachmachen könnten: hinhören und nachplappern, wie einem der Schnabel gewachsen ist. Kinder schaffen es so mühelos, sogar mehrere Sprachen gleichzeitig zu lernen und zu beherrschen. Da ist nach oben keine Grenze gesetzt, und das Problem „Vokabeln schneller vergessen als lernen" ist überhaupt kein Thema für sie.

Es muss also möglich sein, das Gehirn mit unendlich vielen Vokabeln zu füttern, ohne dass es Mühe macht! Wenn die kleinen Kinder es können, weshalb wir nicht?

Auch wenn du es mir jetzt noch nicht glaubst: Jedes Gehirn besitzt diese Fähigkeit, auch deins! Aber wie?
Eine Fee könnte mit ihrem Zauberstab kommen und unser Gehirn damit so verzaubern, dass es mit einem Schlag alle Vokabeln kennt und behält. Leider ist das nur ein Wunschtraum. Wir können lange auf die Fee warten, die unser Gedächtnis so verzaubert. Wenn die Lösung nicht von außen kommt, dann sollten wir das Problem selber in die Hand nehmen!

Wir sollten zu unserer eigenen Glücksfee werden und unser Gedächtnis verzaubern.
Und jetzt komme ich ins Spiel!

Ich weiß einen Weg für dich, wie du das Plagen mit den Vokabeln selber lösen kannst.

Dein eigener Zauberstab heißt: „**VERGISSMEINNICHT**".

Nanu, was soll denn ein kleines, zartes Blümchen wie ein Vergissmeinnicht an deinem Problem rütteln? Das klingt seltsam!

Mein Vergissmeinnicht für dich besitzt fünf kleine, zarte Blütenblättchen. Und hinter jedem Blütenblättchen verbirgt sich eine Technik, die dir helfen kann, deine Stolpersteine im Gehirn beim Lernen von Vokabeln aus dem Weg zu räumen.

Wenn du die Vokabeln mit diesen Methoden lernst, macht dir die Arbeit mit der Sprache mehr Freude und geht dir leichter von der Hand. Obendrein wirst du dabei entdecken, dass einige Vokabeln sogar geheime Codes verbergen.

Kennst du diese geheimen Codes, liest du wie in einer Geheimsprache Informationen aus Wörtern heraus, die andere nicht sehen. Während die anderen weiter büffeln, hüpfst du mühelos zwischen fremden und neu gelernten Begriffen in der französischen Sprache herum.

Mehr noch: Nicht nur die französische Sprache bedient sich dieser verschlüsselten Geheimcodes, sondern etliche andere Sprachen auch.

Das bedeutet, dass du mit dem Kennenlernen dieser im Buch dargestellten Techniken insgesamt müheloser und unbeschwerter im Umgang mit Sprachen werden kannst. Einige dieser Geheimcodes stelle ich dir im Verlauf des Buches vor. Wenn du ihr System kennst, wirst du im Alltag Freude daran finden, sie anzuwenden. Du wirst durch sie zu einem **„Agenten der Insiderinformationen".**

Nach einer Weile wirst du sie anwenden, ohne es zu bemerken. Und du wirst andere, hier im Buch noch nicht genannten Codes selber entdecken und sie mithilfe der Techniken für dich nutzen lernen.

Auf der gegenüberliegenden Buchseite stelle ich dir zunächst alle unterschiedlichen Namen meiner Blütenblättchen beziehungsweise meiner fünf Techniken vor.

Bei jeder der fünf Techniken geht es zunächst darum, unterschiedliche Wörter in Gruppen miteinander zu verbinden. Weshalb, erkläre ich dir später noch.

Wenn du sie dir aufmerksam angesehen hast, kennst du schon einmal die Namen aller Vergissmeinnicht-Techniken. Ab sofort darfst du dich zu den Eingeweihten zählen. Jetzt erkläre ich sie dir genauer, damit sie dir etwas bringen.

Danach wird sich beim Lernen dein **Kurzzeitgedächtnis** in ein **Langzeitgedächtnis** verwandeln, ohne dass du viel dafür tun musst. Und an deine künftig gelernten Vokabeln wirst du dich Monate, Jahre oder ein ganzes Leben lang erinnern können.

Die erste Wörtergruppe sind die „**WÖRTER MIT ÄHNLICHER BEDEUTUNG**". Insider nennen sie auch Synonyme.

Die zweite Wörtergruppe sind die „Wörter mit gegenteiliger Bedeutung". Nennen wir sie kurz und einfach „**GEGENTEILWÖRTER**".

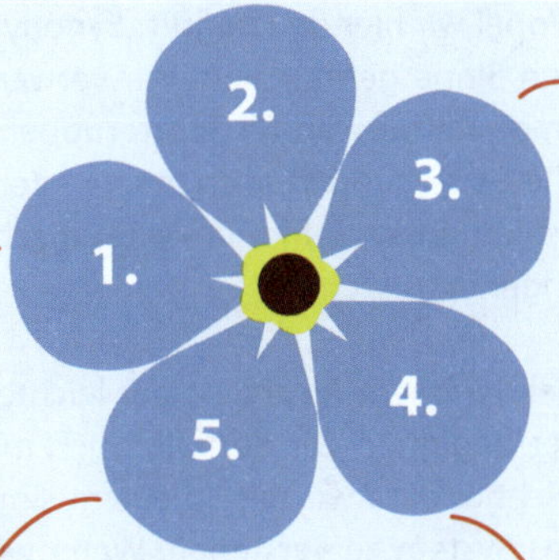

1.

2.

3.

4.

5.

Die dritte Wörtergruppe nennen wir „**VERÄNDERUNGS- UND ENTWICKLUNGSWÖRTER**". Auch die erkläre ich dir später.

Bei der vierten Wörtergruppe sprechen wir am besten von „**VOKABELGESICHTERN, VOKABELHERZEN, VOKABELHINTERN**". Das klingt jetzt furchtbar eigenartig, komisch und verwirrend, aber ich weihe dich ja weiter ein, damit du mühelos damit umzugehen lernst.
Dies ist auch die Gruppe mit den angekündigten Geheimcodes.

Bei der fünften Wörtergruppe wird es noch komischer. Denn hier kommt Gedächtniskunst ins Spiel. Das grenzt beinah an Zauberei. Auch dafür liefere ich dir später noch alle nötigen Informationen. Bis dahin nennen wir sie „**WÖRTER MIT ESELSBRÜCKEN**".

Das erste Vergissmeinnicht-Blütenblatt

Wir beginnen mit dem ersten Vergissmeinnicht-Blütenblatt, den **Wörtern mit ähnlicher Bedeutung**. Wörter mit ähnlicher Bedeutung nennt man auch Synonyme.

Wobei wir hier den Begriff „Synonyme" bewusst nicht im engen Sinne gebrauchen. Wir verwenden den Begriff „Synonyme" stattdessen für Wortgruppen, bei denen es um ähnliche Bedeutungen auch im erweiterten Sinne geht. Denn wir wollen unser Gehirn ja weiter machen und öffnen und nicht enger.

Der Synonym-Ansatz ist der leichteste von allen. Spaßeshalber beginnen wir deshalb auch mit dem Wort facile. Es ist wichtig, dass wir mit so einem simplen Wort beginnen, um das System zu verstehen. Wenn wir das Wörtchen facile als Vokabel dauerhaft behalten wollen, suchen wir bei der Anwendung dieser Technik jetzt erst einmal Wörter, die zu dem Wort passen, die also eine ähnliche Aussage haben wie facile.

Schauen wir uns unser erstes passendes Wortgrüppchen einmal an:

1. facile (einfach)

2. simple (einfach)

3. aisé, e (schlicht)

4. enfantin, e (kinderleicht)

5. c'est du gâteau (das ist ein Kinderspiel)

C'est du gâteau.

Ich habe das Wort facile also zum Behalten vermehrfacht mit simple, aisé, e, enfantin, e und c'est du gâteau.

Ich bin mir sicher, dass du die Wörter facile und simple aus dem täglichen Sprachgebrauch kennst und auch schon verwendet hast. Und vielleicht auch noch die Wörtchen aisé, e und enfantin, e.

Etwas schwieriger ist es mit dem Ausdruck c'est du gâteau. Das ist eine französische Redewendung, die von französischen Muttersprachlern verwendet wird. Es ist lässig und cool, diese Redewendung im Französischen anzuwenden.

Das war zunächst einmal ein kleines Beispiel für die erste Technik. Das Prinzip lautet also in diesem Zusammenhang: **Vermehre die Vokabel, die du lernen willst, dann behältst du sie besser**. Nachher noch mehr dazu.

Das zweite Vergissmeinnicht-Blütenblatt

Um dir mein zweites Vergissmeinnicht-Blütenblatt vorzustellen, erzähle ich dir jetzt kurz etwas über den **Gegenteil-Ansatz**, also über die Wortgruppen mit gegenteiliger Bedeutung.

Hast du es schon selbst an dem Beispiel mit „facile" gemerkt? Wenn du Wörter mit gleicher oder ähnlicher Bedeutung in Synonym-Gruppen zusammenfasst, kannst du sie viel leichter behalten, und das Lernen wird für dich wirklich zu „du gâteau".

Dir fallen jetzt vermutlich spontan spielerisch wenigstens drei der fünf „facile"-Vokabeln ein, ohne dass du dich dafür anstrengen musst.

Jetzt beschäftigen wir uns mit den Wörtern mit gegenteiliger Bedeutung. Auch hier beginnen wir wieder mit einem simplen Wort, dem Gegenteil von „facile", dem Begriff difficile.

In dieser Gruppe können wir zum Beispiel folgende Wörter zusammenfügen:

1. **difficile** (schwierig)
2. **dur, e** (schwer)
3. **compliqué, e** (kompliziert)
4. **ardu, e** (erschöpfend, ermüdend)
5. **pénible** (anstrengend)

PÉNIBLE

Wir suchen also Wörter einer Gruppe, die das Gegenteil eines Wortes (in diesem Fall „facile“) ausdrücken.
Vergleichst du den Synonym-Ansatz mit dem Gegenteil-Ansatz, erkennst du, dass es genauso leicht funktioniert, solche Gruppen zu bilden wie mit dem Synonym-Ansatz. Es macht Spaß, so einer Aufgabe nachzugehen, weckt die Aufmerksamkeit des Gedächtnisses, und der positive Effekt ist hier genauso: Du behältst die Wörter nachher viel leichter.

Das dritte Vergissmeinnicht-Blütenblatt

Das dritte Vergissmeinnicht-Blütenblatt:
Die **Veränderungs- und Entwicklungswörter**.
Dabei bilden wir Gruppen mit Wörtern, die aufgrund einer Entwicklung oder Veränderung miteinander in Beziehung stehen. Um zu erklären, was ich damit meine, nehme ich die Veränderung und Entwicklung eines menschlichen Lebens als erstes Beispiel: Wir gestalten eine Gruppe aus den Wörtern:

1. le bébé **(Neugeborenes)**
2. l'enfant (m) **(Kind)**
3. l'adolescent, e **(Jugendliche/r)**
4. l'adulte (m/f) **(Erwachsene/r)**
5. la personne âgée **(alter Mensch)**

le bébé (Baby)
le nourrisson (Säugling)
le nouveau-né (Neugeborenes)
le poupon (Kleinkind)
le tout-petit (Kleinkind)

l'enfant (m) (Kind)
le/la bambin, e (Kind)
le garçon/la fille (Junge, Mädchen)
le/la môme (Fratz, Gör)
le/la gosse (Kind)

l'adolescent, e (Teenager)
l'ado (m/f) (Jugendliche/r)
le/la jouvenceau, -celle (Jugendliche/r)
le/la gamin, e (Minderjährige/r)
le blanc-bec (Jugendlicher)

Schwupps, schon haben wir wieder eine Fünfer-Gruppe gebildet, die in sich eine Verbindung hat und die uns hilft, die Wörter viel leichter zusammen zu behalten. In Zukunft denken wir nicht mehr an das Wort Erwachsener allein, sondern gleichzeitig an: Neugeborenes, Kind, Jugendlicher, Erwachsener und alter Mensch.

Und für jedes dieser einzelnen Wörter kann man auch noch Ähnlichkeitswörter bilden, dann haben wir gleich mehrere Gruppen, die es uns leichter machen. Und glaube mir: Über jede zusätzliche Gruppe freut sich dein Gedächtnis.

l'adulte (m/f) (Erwachsene/r)
la personne majeure (volljährige Person)
la grande personne (erwachsene Person)
dans la fleur de l'âge (in den besten Jahren)
la maturité (reifes Alter)

la personne âgée (alter Mensch)
le vieillard (alter Mann)
le vieux/la vieille (Alte/r)
personne d'un grand âge (Senior/in)
l'ancien, ne (Alte/r)

Um dein Gedächtnis anzufeuern, gebe ich dir ein paar hübsche weitere Beispiele dazu. Ich bin mir sicher, wenn du erst einmal selber damit beginnst, macht es dir einen Ultraspaß. Dein Gehirn hüpft dabei Freuden-Luftsprünge. Und danach bist du um etliche Vokabeln und viele wertvolle Wörter reicher. Auf diese Art triffst du auf Verben, die du sonst vielleicht niemals im Französischen lernen würdest, die deinen Sprachschatz aber professionell erweitern.

Danach zieht jeder den Hut vor deinem Sprachwissen und du wirst andere mächtig damit beeindrucken können. Du kannst es ja auch als Spiel mit anderen zusammen angehen, das macht Freude und ihr lernt voneinander und eure Ideen werden euch gegenseitig bereichern.

Hier kommen einige Veränderungs- und Entwicklungsbeispiele:

minuscule (winzig)

petit, e (klein)

de grandeur moyenne (mittelgroß)

gros, se (groß)

énorme (riesig)

Das vierte Vergissmeinnicht-Blütenblatt

Das vierte Vergissmeinnicht-Blütenblatt:
Die Wörter mit **Gesicht, Herz und Hintern-Ansatz.**
Das klingt jetzt aber richtig abgedreht.

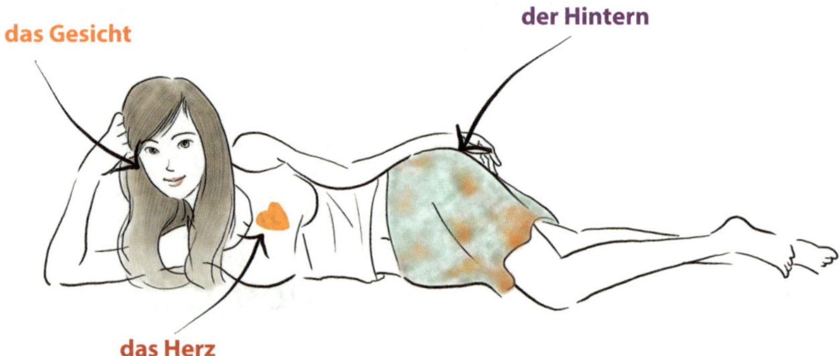

Und da wir es hier unter anderem mit Geheimcodes zu tun haben, werde ich dir die Technik ein wenig ausführlicher vorstellen. Gerade mit dieser Technik wirst du dein Langzeitgedächtnis mit unendlichen Informationen füllen können. Dein Gehirn wird damit beim Vokabellernen auf Dauer selbstständiger und manchmal sogar ganz ohne dein Zutun arbeiten. Es wird in der Lage sein, Wörter leichter zu erkennen, zu behalten und sogar neu zu formen.

Treten wir ein in die Geheimcodetechnik:

Das Wort **impossible** ist ein super Wort, um in das System einzusteigen.

„C'est impossible!"

Dieses lange Wort teilen wir jetzt in drei Teile: in das **Gesicht**, das **Herz** und den **Hintern**.

Und so teilen wir unser Beispielwort: **im** + **poss** + **ible**

im- ist der Wortbeginn und gibt die Richtung der Bedeutung an. Diesen Teil nennen wir das **Gesicht**.

poss ist der Mittelteil des Wortes. Er beinhaltet alle Wurzeln der Bedeutung und wir nennen diesen Teilabschnitt **Herz.**

-ible schließlich ist der hintere Teil des Wortes, also dessen **Hintern**.
Der Hintern gibt uns Geheiminformationen über die Funktion des Wortes, also ob es sich zum Beispiel dabei um ein Nomen, ein Adjektiv, ein Adverb oder ein Verb handelt. Und dadurch wissen wir automatisch, wo das Wort genau sitzt. Auf seinem Hintern, klar, aber wo im Satz?

Der Teil **poss** des Wortes **impossible** drückt „machen können" aus.

Das Wort **impossible** wird gebraucht, um eine Unmöglichkeit auszudrücken. Denn sobald wir ein **im-** vor das Wort „possible" setzen, wird die Bedeutung des Herzwortes ins Gegenteil gekehrt. Diese kleine Veränderung, also dass wir das **im-** vor das Wort „possible" setzen, ermöglicht es uns, Unmöglichkeit auszudrücken.

poss ... **possible** ... **impossible**

Wie man sieht, ändert sich die Bedeutung eines Wortes entsprechend der Aufgabe jedes Wortteils. Am Beispiel mit dem Wort infaisable soll es noch einmal zur Vertiefung gezeigt werden, damit es dir kristallklar wird.

Infaisable könnte man als Alternative für das Wort „impossible" nutzen. In seiner ganzen Form könnte dieses Wort zunächst erschrecken oder schwierig wirken. Pflücken wir es aber auseinander, ist es nicht schlimmer als sein Gegenstück „impossible". Die beiden Wörter teilen eine heimliche Partnerschaft miteinander.

Das Wort infaisable kommt von „faisable", was bedeutet, dass man etwas machen kann. Nehmen wir das Wort noch weiter auseinander, finden wir darin das Wort „fais". Entsprechend der Unterteilung eines Wortes in Gesicht, Herz und Hintern, erkennen wir nun:

infaisable ... faisable ... fais

Der Wortteil „poss" stammt aus dem Lateinischen und bedeutet „können" oder „machen können", während „fais" ein französisches Wort ist. Indem wir beide Wortteile als Herz des Wortes verstehen, können wir feststellen, dass beide die gleiche Aussage haben.

Um das noch deutlicher zu zeigen, stellen wir die beiden Wörter jetzt nebeneinander.

im + **poss** + **ible**

in + **fais** + **able**

An diesem Beispiel erkennst du klar und deutlich die Aufgabe und die Bedeutung von Gesicht, Herz und Hintern.

im	=	in	bedeutet „nicht"	(das Gesicht)
poss	=	fais	bedeutet „können, machen"	(das Herz)
ible	=	able	bedeutet „Fähigkeit"	(der Hintern)

In dem System, lange Wörter in Gesicht, Herz und Hintern aufzuteilen, steckt eine grandiose Möglichkeit, Begriffe, Vokabeln und Wörter leichter zu begreifen und zu behalten. Indem du dieses System jetzt kennst, kann es dir dein Lernen in Zukunft extrem erleichtern.

Einige Wörter bestehen nur aus einem Herz, einige aus einem Herz und einem Hintern, einige aus einem Gesicht und einem Herz. Jeder dieser Abschnitte gibt uns eine Fülle an Informationen.

Sobald du es mit Wörtern zu tun hast, die du in dieser Art (Gesicht, Herz, Hintern) aufsplitten kannst, wirst du viel seltener ein Wörterbuch benötigen, da das System auch fremde, unbekannte Wörter oft so klar erkennen und begreifen lässt. Vielleicht findest du nicht immer alle Wortteile, aber auch wenn nur zwei vertreten sind, kann das System dir sehr nützlich und hilfreich sein.

Das fünfte Vergissmeinnicht-Blütenblatt

Jetzt kommen wir zum fünften Vergissmeinnicht-Blütenblatt, der **Eselsbrücken-Technik**. Man könnte sie auch als „Technik der Gedankenstützen" bezeichnen. Der wissenschaftliche Fachbegriff ist beinahe unaussprechlich: Mnemonik-Technik.

Spätestens dann, wenn wir ein Wort mit keiner anderen Technik greifen können, tritt die Eselsbrücken-Technik auf den Plan. Aber man kann sie natürlich auch jederzeit sonst einsetzen oder mit anderen Techniken kombinieren. Es ist eine spaßige Technik, bei der man immer seine Fantasie einsetzen darf.

Letztendlich setzen wir diese Technik jeden Tag schon lange unbewusst ein. Es ist so eine prima Möglichkeit, spielerisch Wissen für sich haltbar zu machen. Immer, wenn wir einen Begriff zum Behalten mit einem anderen in Verbindung bringen, verwenden wir Eselsbrücken.

Bei dem Wort „Eselsbrücke" wird dir sicherlich klar, wie vertraut dir diese Technik schon seit der Kindheit ist. Ab jetzt wird sie ganz bewusst und willentlich eingesetzt und das Sprachenlernen macht noch mehr Freude. Dabei sind der Fantasie keine Grenze gesetzt, du kannst **Klänge, Töne, Farben, Bilder, Erinnerungen, Witze** oder **Ähnlichkeiten** dabei zum Einsatz bringen.

Zum Beispiel wird das Wort juvénile wegen des ähnlichen Klanges oft in Verbindung gebracht mit dem Wort jeune.

Ein anderes Wort ist adolescent, e, das eine ähnliche Bedeutung wie jouvenceau hat. Wenn du die Eselsbrücken-Technik anwendest, könntest du das Wort adolescent, e zum Beispiel mit dem ähnlich klingenden Wort adulte in Verbindung bringen. Der, von dem wir bei adolescent, e sprechen, ist kurz davor, adulte, also erwachsen zu werden.

Für die Technik mit der Eselsbrücke habe ich hier noch ein hübsches Beispiel für dich. Schau dir doch mal die Buchstaben an. Findest du nicht auch, dass sie genauso gut schwimmen können wie ein Fisch und genauso schön miauen können wie eine Katze?

So, mein Freund, jetzt hast du einen gewissen Überblick über meine Vergissmeinnicht-Blümchen-Techniken. Damit kannst du in Zukunft hunderte und tausende Wörter spielerisch leicht lernen und lebenslang behalten.

juvénile ⟶ jeune

adolescence ⟶ adulte

POISSON CHAT

Wegweiser durch das Buch

Jetzt sage ich dir erst einmal, wie wir weiter vorgehen, damit du einen Überblick hast, was auf dich zukommt und damit du beim Lesen immer weißt, wo du gerade bist.

Als Nächstes nehmen wir nach diesem Kapitel die **Vokabelgesichter** genauer unter die Lupe. Die wirst du schnell verinnerlicht haben, das ist leicht erklärt und verstanden.

Dann wenden wir uns den **Vokabelherzen** zu. Aber bevor wir uns in die Vokabelherzen tief hineinarbeiten, gebe ich dir erst einmal einen Überblick über die Vokabeln, die uns am allernächsten sind, nämlich die **des menschlichen Körpers.**

Nein, ich meine jetzt in diesem Falle nicht den Körper der oder des Geliebten, sondern den eigenen Körper. Wenn es dir leichter fällt, kannst du die Vokabeln auch am Beispiel des Körpers deines/deiner Geliebten lernen, das ist das Gleiche (mit kleinen feinen Ausnahmen). Mach es so, wie es dir leichter fällt.

Wir weiten unseren Fokus dann langsam aus und beschäftigen uns im Folgenden nicht mehr nur mit Vokabeln des menschlichen Körpers, sondern mit Begriffen, die sich damit beschäftigen, was wir mit unserem Körper machen, das heißt mit **körperlichen Aktivitäten.**

Und dann bist du reif für die eigentlichen **Vokabelherzen.** Hier nutzen wir unser zuvor gelerntes Wissen. Wir schrauben uns also wie ein Holzwurm immer tiefer und tiefer in das Thema, bis wir es total verinnerlicht und schließlich verdaut haben. Die Vokabelherzen lernen wir wieder erst einmal anhand des eigenen **Körpers** (oder des Körpers des/der Geliebten) und dann anhand der **körperli-**

chen Aktivitäten, die wir ja im Vorfeld schon geschluckt haben. Noch dazu beschäftigen wir uns mit dem, was unseren Körper mit der Welt in Kontakt treten lässt, mit den **Sinnen des Menschen.** Und auch bei diesem Thema lernen wir die Vokabelherzen besser kennen.

Und schließlich und endlich beschäftigen wir uns als Zuckerklümpchen dafür, dass du die ganze Zeit durchgehalten hast, mit den **Vokabelhintern**. Wir halten uns dabei aber gar nicht lange mit den gewöhnlichen, langweiligen Hintern auf, sondern wir nehmen hauptsächlich die schönen Hintern ins Visier.

Auf diesem beschriebenen Weg fahren wir die meiste Zeit auf einer Hauptstraße. Dort habe ich wie ein Osterhase einige **Veränderungs-und Entwicklungswörter** für dich ausgelegt. Und die Straße ist angefüllt mit der **Eselsbrücken-Technik.** Diese lebt nämlich in all den vielen hübschen Bildern, die dein Gehirn freudig und dankbar aufnehmen wird.

Unsere Hauptstraße hat allerdings zu deiner weiteren Erholung noch Seitenstraßen und Rastplätze. Auf den Seitenstraßen und Rastplätzen findest du immer wieder **die Synonyme** und **die Gegenteilwörter**.

Du siehst, es wird also ein klarer, durchgängiger Weg durch das ganze Thema.

Und dann, ganz zum Schluss, wenn du fit in allen Techniken bist, warten noch ein paar extra Bonbönchen auf dich. Damit der Inhalt meines Buches nicht nur abstrakter Text in einem Buch ist, sondern dieser Text von deinem eigenen Leben ergriffen und belebt werden kann, habe ich für dich noch ganz besondere Wortgruppen gesammelt. Diese besonderen Wortgruppen beinhalten die Wörter der menschlichen **Temperamente und Charaktere**. Denn nichts ist uns näher als unser eigenes Verhalten. Und dazu findest du alles Wesentliche im Schlusskapitel.

in-, il-, im-, ir-
...
Vokabelgesichter
1
2
Vokabeln des menschlichen Körpers und der körperlichen Aktivitäten
Tu es ici

Temperament
und
Charakter
5

-able, -ible
...
Vokabelhintern
4
3
Vokabelherzen
...
man
manu

1.1 in-, il-, im-, ir-
1.2 in-, im-, en-, em-
1.3 ex-, ef-, é-
No
1.4 mé-, dis-
1.5 ad-, ac-, ag-, ap-, as-, at-
1.6 re-, ré-
1.7 de-, dé-, dés-
1.8 sur-
sou-, sous-, sub-
1.9 pro-, pré-
1.10 bien-, béné-, bon-
mal-, malé-

1. Die Vokabelgesichter

Begegnen wir jemandem, blicken wir zuerst in dessen Gesicht, nicht wahr? Das trifft bei Menschen und bei Tieren zu.

Wir versuchen, erste Informationen aus einem Gesicht herauszulesen.
Ist uns unser Gegenüber wohlgesinnt oder feindlich gestimmt?
Ist er oder sie uns sympathisch oder unsympathisch?
Gibt es vielleicht sogar „Liebe auf den ersten Blick"?
Oder rümpfen wir verächtlich die Nase und denken: „Der kann mich mal ..."
Wir haben schon eine erste klare Gefühlsreaktion und innere Haltung durch den Blick in ein Gesicht.

Jetzt sage ich dir etwas, was dir sicherlich neu ist: Das Gesichter-Scannen machst du nicht nur bei Menschen oder bei Tieren, sondern – du wirst es nicht glauben – auch bei Wörtern und Vokabeln! Intuitiv suchst du nach Informationen, die du aus dem Gesicht des Wortes erkennen kannst.

Manchmal findest du dabei eindeutige Hinweise auf die Bedeutung des Wortes, manchmal kannst du die Bedeutung anhand des Gesichts erahnen. Einige Gesichter sind ganz klar vom Vokabelherz getrennt, andere sind ganz damit verschmolzen.
Auf jeden Fall erhältst du eine Reihe an Vorinformationen des Wortes durch den Blick auf das Vokabelgesicht.

Und das kannst du ab jetzt ganz bewusst einsetzen, um noch schneller noch klarere Informationen über die Vokabel zu erhalten, was dir hilft, sie nicht mehr zu vergessen.

Lange Rede, kurzer Sinn, schauen wir es uns näher an:

1.1 Die „Schüttel-Gesichter“:

Zunächst beschäftigen wir uns mit den **in**-Gesichtern, also mit Wörtern, die alle das Gesicht **in**- haben.

Vor einer Weile haben wir uns das Wort „infaisable“ bereits angesehen und uns damit beschäftigt. Du erinnerst dich noch daran, dass dieses Wort das Gegenteil von machbar bedeutet, also: „nicht machbar“. Diese Wandlung geschieht einzig und alleine durch das Gesicht **in-**. Eine kleine Tatsache mit riesiger Wirkung: Sobald wir im Französischen ein **in-** vor das Herz setzen, wird dessen Bedeutung fast immer ins genaue Gegenteil verwandelt, nicht nur bei infaisable.

Natürlich hast du das **in-** schon hunderte Male in deinem französischen Sprachgebrauch eingesetzt. Aber war dir das bewusst, dass du nach **in-** immer unbewusst mit dem Kopf schüttelst, was die Bedeutung des Wortherzens angeht?

Ab jetzt wird dein Kopf schon beginnen, sich selbstständig zu schütteln, wenn du ein **in-** siehst, so klar und eindeutig ist die Sache.

Für dieses kleine, aber doch ungemein wichtige Geheimnis braucht es nicht viel Übung. Vielleicht ein paar kleine Beispiele:

ACTIF, -IVE – INACTIF, -IVE:

Das Gleiche passiert bei diesem Wörtchen. Und – siehe da: Im Deutschen ist es ebenso!

Französisch: actif – **inactif**
Deutsch: aktiv – **in**aktiv.

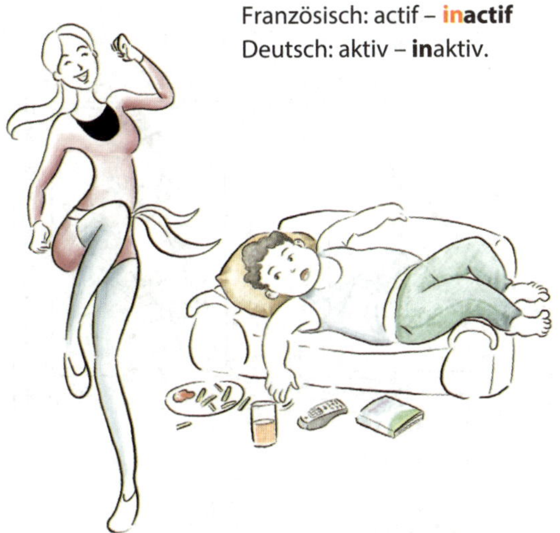

aktiv		*inaktiv*
actif, -ive énergique dynamique entreprenant, e travailleur, -euse	≠	inactif, -ive inerte éteint, e hésitant, e fainéant, e

FLEXIBLE – INFLEXIBLE:

Aus **flexible** (flexibel, beweglich) wird ein starres und stures **inflexible** (unflexibel, unbeweglich).
Ähnlich wie im Deutschen!

flexibel		*unflexibel*
flexible souple malléable pliable élastique	≠	inflexible rigide cassant, e impliable raide

HABITUEL, LE – INHABITUEL, LE:
Das Wort **habituel** heißt übersetzt: gewöhnlich, normal. Das Wort wird zu **inhabituel** (außergewöhnlich) durch das **in**-Gesicht.

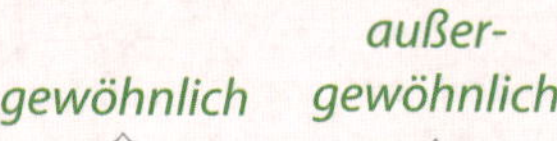

gewöhnlich		außergewöhnlich
habituel, le	≠	inhabituel, le
normal, e		anormal, e
ordinaire		hors norme
commun, e		étrange
conforme		atypique

JUSTE – INJUSTE:
Indem du **in-** vor das Wort **juste** setzt, macht das Wort sofort eine Kehrschleife und verwandelt sich ins Gegenteil. Aus **juste** (gerecht) wird **injuste** (ungerecht).

gerecht		ungerecht
juste	≠	injuste
correct, e		incorrect, e
équitable		inéquitable
légitime		illégitime
fondé, e		absurde

CERTAIN, E – INCERTAIN, E:
Dagegen hat man seine Sicherheit bei **incertain** (unsicher) noch lange nicht gefunden.

sicher		unsicher
certain, e sûr, e incontestable évident, e avéré, e	≠	incertain, e indécis, e indéterminé, e hésitant, e perplexe

APPROPRIÉ, E – INAPPROPRIÉ, E:
Das feine Wort **approprié** (angemessen) wird im Französischen zu **inapproprié**, dem klaren Gegenteil (unangemessen).

angemessen		unangemessen
approprié, e apte adéquat, e adapté, e convenable	≠	inapproprié, e inapte inadéquat, e inadapté, e inconvenable

Gedächtnis-Landkarte

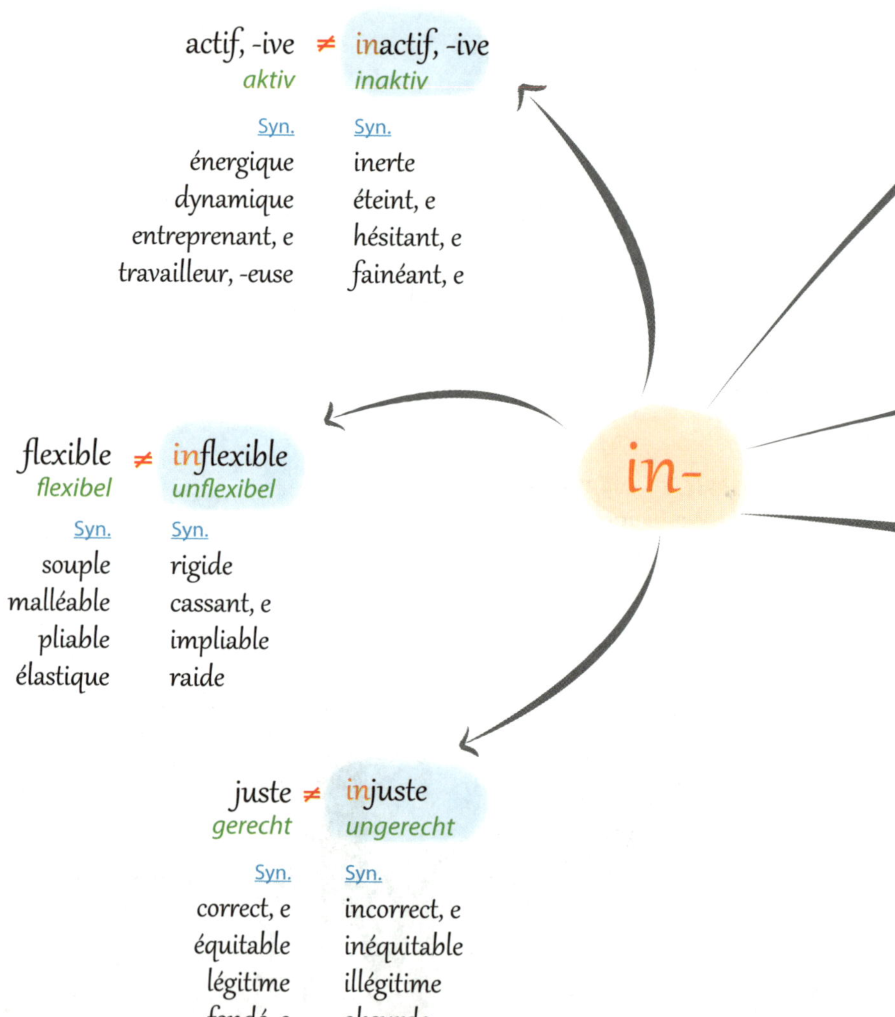

approprié, e ≠ inapproprié, e
angemessen *unangemessen*

Syn.	Syn.
apte	inapte
adéquat, e	inadéquat, e
adapté, e	inadapté, e
convenable	inconvenable

habituel, le ≠ inhabituel, le
gewöhnlich *außergewöhnlich*

Syn.	Syn.
normal, e	anormal, e
ordinaire	hors norme
commun, e	étrange
conforme	atypique

certain, e ≠ incertain, e
sicher *unsicher*

Syn.	Syn.
sûr, e	indécis, e
incontestable	indéterminé, e
évident, e	hésitant, e
avéré, e	perplexe

Das Konzept des Kopfschüttelns ist noch nicht ganz vollständig erklärt.
Dafür müssen wir uns nach den **in**-Gesichtern noch weiteren Gesichtern zuwenden. Jetzt sprechen wir von den **il**-, den **im**- und den **ir**-Gesichtern. Hier gibt es eine kleine Besonderheit, die zunächst erklärt und verstanden werden möchte.

Die **in**-Gesichter konnten wir ganz einfach unverändert vor das Herz des Wortes setzen und es hat gepasst. Bei den anderen, den **il**-, **im**-, und **ir**-Gesichtern verhält es sich so, dass das Vokabelherz dessen Gesicht bittet, sich ihm etwas anzupassen.

Weshalb das? Na, ganz einfach, die beiden machen das extra für dich, damit du es leichter beim Sprechen hast! Es soll so bequem und angenehm für dich sein wie möglich. Deine Zunge und deine Mundform sollen gar keine Kapriolen machen müssen, alles soll leicht, locker und bequem aus deinem Mund fließen.

Das geschieht dadurch, dass das Vokabelgesicht als letzten Buchstaben den ersten des Vokabelherzens verwendet. Das Gesicht passt sich freundlich dem Herzen an. Hast du das schon gewusst, dass die Sprache sich so viele Gedanken um deine Bequemlichkeit gemacht hat?

Lass es mich dir anhand einiger Beispiele erklären:

Verneinen mit il-

Knöpfen wir uns die Wörter vor, deren Vokabelgesicht mit **il-** beginnen.

Noch ein paar Worte zuvor, um es dir gleich leichter zu machen. Denn das ist ja das Ziel meines Buches, dir die Geheimnisse der Einfachheit der französischen Sprache zu verraten.

Benutzen wir das Vokabelgesicht **il-**, wissen wir also von vornherein schon einmal, dass wir unseren Kopf zur Verneinung schütteln müssen. So weit, so gut!

Aber ich verrate dir noch eine Besonderheit zur Vereinfachung: Nach dem Vokabelgesicht **il-** wird das Wort immer mit dem Buchstaben **l** fortgesetzt, um es deinen Sprechorganen bequem zu machen. Schau dir die Beispiele an:

LÉGAL, E – ILLÉGAL, E:

Légal bedeutet gesetzestreu oder legal. Mit dem kleinen Wörtchen il- davor wird das brave Wort **légal** zu i**llégal**, einem Ausdruck von Ungesetzlichkeit und Illegalität.

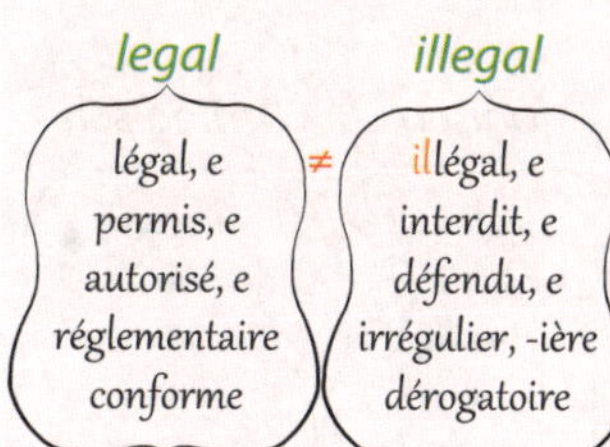

„C'est illégal de voler mon cœur et de le laisser sans surveillance!"

(„Es ist verboten, mir mein Herz zu rauben und es dann unbeachtet liegen zu lassen!")

LISIBLE – ILLISIBLE:

Lisible heißt: lesbar. Es wird von **lire** (lesen) abgeleitet. Mit der Erweiterung von il- vor dem Wort **lisible** wird etwas augenblicklich völlig i**llisible** (unlesbar).

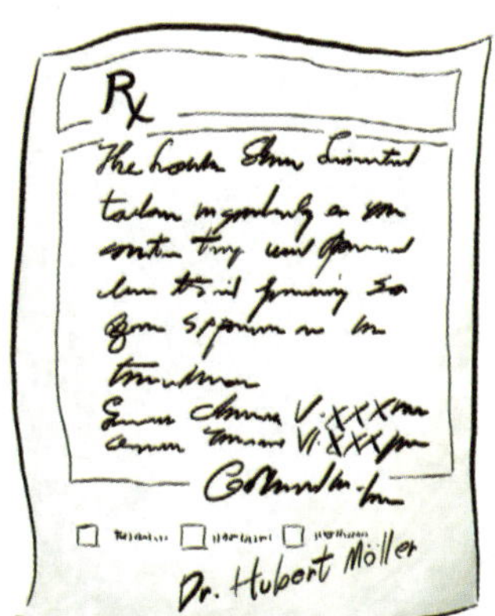

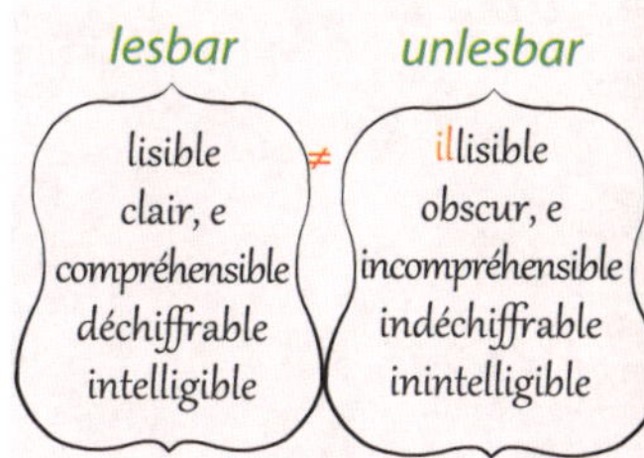

LOGIQUE – ILLOGIQUE:

Aus dem **logique** (logisch) wird **illogique** (unsinnig, unlogisch) durch das il-Gesicht.

logisch		unlogisch
logique	≠	illogique
ordonné, e		désordonné, e
méthodique		brouillon,ne
judicieux, -euse		absurde
systématique		insensé, e

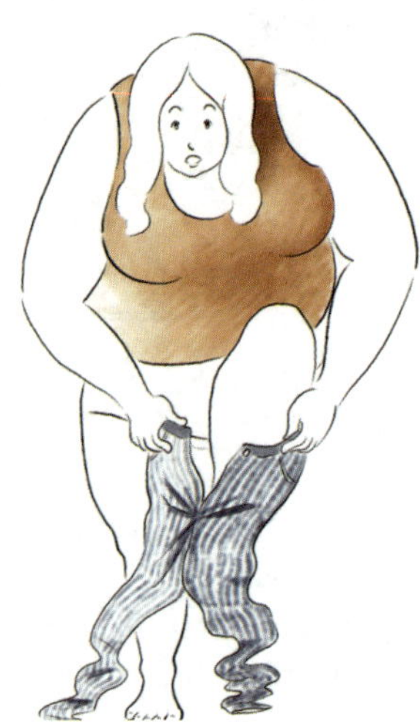

Gedächtnis-Landkarte

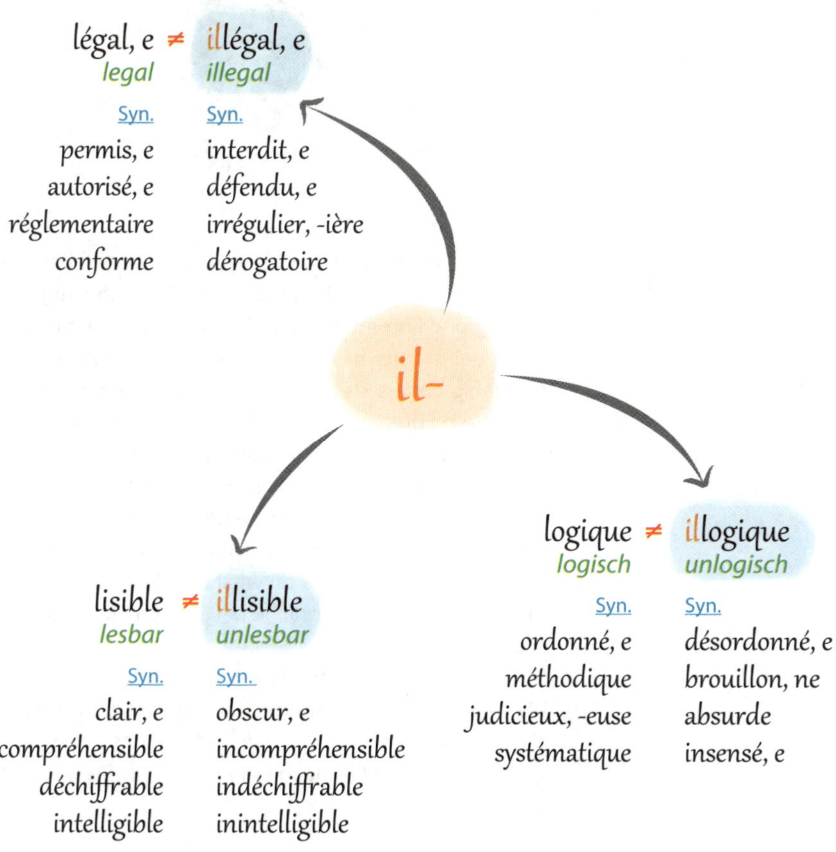

Verneinen mit im-

Eine kleine Besonderheit gibt es noch bei den **im**-Gesichtern. Hier wird dir die Sprache noch einmal gefällig und kommt dir freundlich entgegen, damit du es wieder leichter hast mit dem Sprechen. Allerdings ein wenig anders als zuvor beschrieben. Die Sprache sieht ihren Sprechern aufmerksam zu. Und sie hat sich gedacht (ja, sie kann wirklich selbstständig denken), wenn ein Vokabelherz mit dem Buchstaben **m** beginnt, hat der Mund schon eine ganz bestimmte Form, Haltung und Stellung. Sprich selber einmal ein langes „Mmmmmmmmm“, und du wirst die gleiche Feststellung machen wie die Sprache bei ihrer Entstehung:

Bei dieser Mundstellung wäre es mühsam, wenn du etwas anderes als ein **m** sprechen würdest. Deshalb ist die Sprache so freundlich zu dir, einfach das Vokabelgesicht in diesem Fall auch mit **m** enden zu lassen. Nett, nicht wahr?

Beispiel gefällig?

MORAL, E – IMMORAL, E:

Moral bedeutet: moralisch, sittlich. Mit der Vorsilbe im- wird die Bedeutung des Wortes im**moral** (unmoralisch, unsittlich). Jetzt setze doch einmal ein **in-** oder ein **un-** vor das **moral**, und sprich es aus, z. B. die deutsche Entsprechung „unmoralisch“. Dann siehst du, dass dieses Wort viel unbequemer für die Zunge ist als das „zungenflutschige“ französische Wort im**moral**. Geht doch gleich viel besser, oder?

moralisch	≠	unmoralisch
moral, e		immoral, e
honnête		malhonnête
honorable		honteux, -euse
décent, e		indécent, e
vertueux, -euse		corrompu, e

MORTEL, E – IMMORTEL, LE:

Mortel bedeutet auf Deutsch: sterblich, tödlich. Mit der Vorsilbe im- wird es zu im**mortel** (unsterblich, unvergänglich).

sterblich	≠	unsterblich
mortel, le		immortel, le
fatal, e		éternel, le
périssable		impérissable
destructible		indestructible
bref, brève		invulnérable

Es gibt einen Buchstaben, der sich besonders gerne an das im-Gesicht hängt, um es dir beim Sprechen leichter zu machen. Das ist der Buchstabe **p**. Sprich es mal nach: **„imp, imp, imp“**. Das flutscht doch wie von selbst über die Lippen, oder?

POSSIBLE – IMPOSSIBLE:
Possible heißt: möglich, denkbar. Mit **im-** wird es zu **im****possible** (unmöglich, ausgeschlossen).

„Je viens, mon amour!“
(„Ich komme, meine Liebste!“)

möglich		unmöglich
possible	≠	impossible
faisable		infaisable
réalisable		irréalisable
probable		improbable
plausible		invraisemblable

Merkst du schon, wie sich dein Wortschatz wie durch Magie erweitert, indem du die Vokabeln in Gesicht, Herz und Hintern trennst mit deinem neuen Wissen über die Bedeutung der Vokabelgesichter?

Bevor wir uns der nächsten Zauberei zuwenden, noch einmal das letzte Kunststück zum Einprägen kurz zusammengefasst:

Das Vokabelgesicht **im-** wird meist eingesetzt, wenn das Vokabelherz mit einem **m** oder einem **p** beginnt, um die Betonung leicht, fließend und natürlich zu gestalten. Diese Zauberregel gilt weltweit in sehr vielen Sprachen.

PRUDENT, E – IMPRUDENT, E:

Während das **prudent** (vorsichtig) ein Netz mit Absicherungsseil mit sich bringt, fehlt beides dem **imprudent** (leichtsinnig) typischerweise.

vorsichtig		unvorsichtig
prudent, e attentif, -ive circonspect, e soigneux, -euse consciencieux, -euse	≠	imprudent, e négligent, e inconsidéré, e étourdi, e téméraire

Gedächtnis-Landkarte

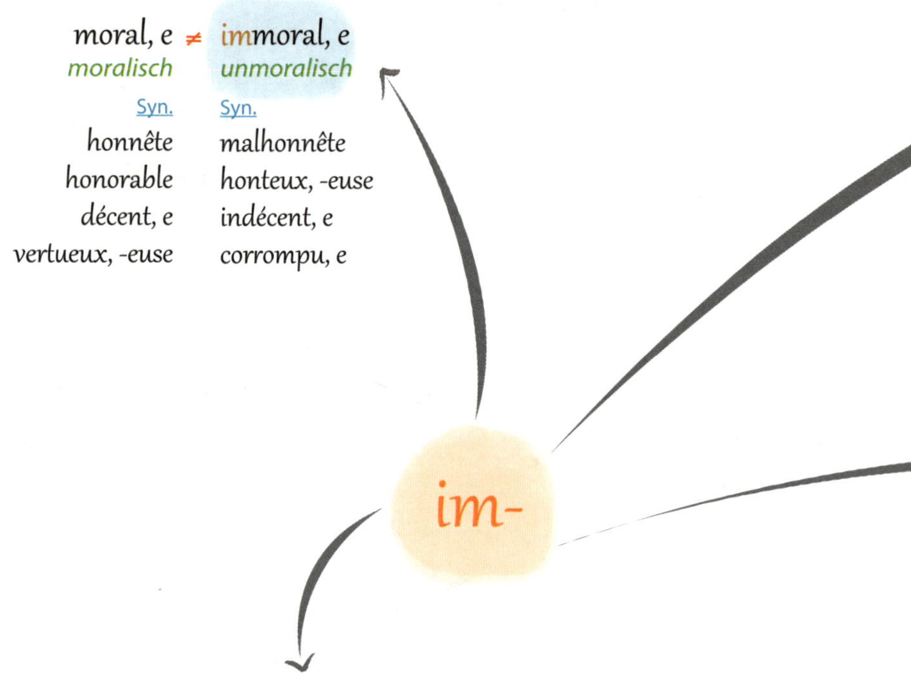

mortel, le ≠ immortel, le

sterblich — *unsterblich*

Syn.	Syn.
fatal, e	éternel, le
périssable	impérissable
destructible	indestructible
bref, brève	invulnérable

prudent, e	≠	imprudent, e
vorsichtig		*unvorsichtig*
Syn.		Syn.
attentif, -ive		négligent, e
circonspect, e		inconsidéré, e
soigneux, -euse		étourdi, e
consciencieux, -euse		téméraire

possible		impossible
möglich		*unmöglich*
Syn.		Syn.
faisable	≠	infaisable
réalisable		irréalisable
probable		improbable
plausible		invraisemblable

Verneinen mit ir-

Genauso wie das **im**-Gesicht für Wörter eingesetzt wird, die mit einem **m** oder mit einem **p** beginnen, so findet das **ir**-Gesicht seine Anwendung bei Vokabelherzen, die mit einem **r** anfangen. Und wieder geht es hier um eine angenehme und mühelose Aussprache des Wortes. Ich zeige es dir anhand einiger Beispiele:

RÉGULIER, -IÈRE – IRRÉGULIER, -IÈRE:

Régulier bedeutet: normal, regelmäßig, geregelt. Durch das vorangestellte **ir-** wird dieses Adjektiv zu **irrégulier**: unnormal, unregelmäßig, ungeregelt.

Wieder einmal wird deutlich, wie sehr die ersten Buchstaben, also das Vokabelgesicht, den Sinn und Inhalt des Vokabelherzens mitbestimmen und beeinflussen.

regelmäßig		unregelmäßig
régulier, -ière normal, e habituel, le homogène régulièrement	≠	irrégulier, -ière original, e inhabituel, le varié, e occasionnellement

RESPONSABLE – IRRESPONSABLE:

Responsable heißt: verantwortlich, verantwortungsbewusst. Wie sollte es also anders sein ... **irresponsable** heißt: unverantwortlich, verantwortungslos.

verantwortlich		unverantwortlich
responsable fiable compétent, e sérieux, -euse consciencieux, -euse	≠	irresponsable insouciant, e incompétent, e étourdi, e négligent, e

RÉSISTIBLE – IRRÉSISTIBLE:

Résister bedeutet: widerstehen. Das Wort „résistible" würde also entsprechend „widerstehlich" heißen. Aber das gebraucht vermutlich fast kein Mensch. Weder auf Französisch noch auf Deutsch. Es ist also ein Wort ohne Verwendung. Anders verhält es sich bei dem gegenteiligen Wort:

irrésistible. Das bedeutet: unwiderstehlich. Obwohl dies ein schwaches Verhalten von jemandem voraussetzt, weil man etwas oder jemandem nicht widerstehen kann, ist es ein sehr gerne benutztes Wort. Jeder lässt augenblicklich seine Fantasien schweifen. Eine Schwäche, die man genießt!

unwiderstehlich

irrésistible
invincible
envoûtant, e
persuasif, -ive
ensorcelant, e

Gedächtnis-Landkarte

ir-

régulier, -ière ≠ irrégulier, -ière
regelmäßig — *unregelmäßig*

Syn.	Syn.
régulièrement	occasionnellement
normal, e	original, e
habituel, le	inhabituel, le
homogène	varié, e

responsable ≠ irresponsable
verantwortlich — *unverantwortlich*

Syn.	Syn.
fiable	insouciant, e
compétent, e	incompétent, e
sérieux, -euse	étourdi, e
consciencieux, -euse	négligent, e

irrésistible
unwiderstehlich

Syn.
invincible
envoûtant, e
persuasif, -ive
ensorcelant, e

1.2 Die „Hinein-Gesichter“:

Die **in**-Gesichter habe ich ausführlich erklärt. Und dein Kopf sollte durch meine vorangegangenen Erklärungen beim Lesen schon automatisch beginnen, verneinend zu schütteln. Du weißt schon, ich meine im Hinblick auf den Sinn der durch das **in**-Gesicht verneinten Vokabel.

Aber jetzt ist dein bisheriges Insider-Wissen so gefestigt, dass dein wissenshungriges Gehirn nach mehr Informationen, nach Erweiterungen oder Ausnahmen schreit, und will gefüttert werden.

Ich gebe dir also eine weitere Funktion für das **in**-Gesicht und weihe dich dadurch noch tiefer in die Geheimniswelt der französischen Sprache ein. Einverstanden?

Bis jetzt hast du bereits durch das Lesen des Buches einen großen Vorsprung gegenüber denjenigen, die es nicht gelesen haben. Graben wir uns tiefer in das Geheimwissen hinein:

Nach den „Verneinungs-in-Gesichtern" wenden wir uns jetzt den „Hinein-Gesichtern" zu.

Ich beginne mit einem super Beispiel, das uns damit bestens vertraut macht, nämlich mit dem Wort **intérieur** selber.

INTÉRIEUR, E:
Bei dem Wort **intérieur** (innerer) befindet sich der Wurm auf dem linken Bild schon mitten im Paradies, während der **extérieur**-Wurm (also der äußere Wurm) auf dem rechten Bild noch in seiner Vorfreude schwelgt.

innen		außen
intérieur, e	≠	extérieur, e
intern, e		externe
dans		hors
dedans		dehors
couvert, e		découvert, e

Du siehst, das **in**-Gesicht kennt neben dem Verneinen eine zweite Aufgabe, die es gerne erfüllt.

Simpel, nicht wahr? Und so hilfreich, weil es eine Fülle von weiteren Ausführungen und Erklärungen überflüssig machen kann. Nach **in-** kann es als erweiterte Regel neben dem Verneinen also in etwas hinein gehen.

beeindrucken

impressionner
émouvoir
émotionner
admirer
produire beau-coup d'effet

IMPRESSIONNER:

Impressionner heißt auf Deutsch: beeindrucken, imponieren. Ich fülle also jemanden mit Gefühlen der Achtung, des Respekts, der Bewunderung.

entflammen

enflammer
brûler
embraser
incendier
attiser

ENFLAMMER:

enflammer (entflammen). Der Himmel ist durch den roten Sonnenuntergang entflammt oder der Bursche ist für seine Angebetete entflammt. Bei beiden Beispielen kommt eine Flamme in etwas hinein: in den Himmel und in das Empfinden des Burschen.

entflammen

enflammer
exciter
passionner
s'exalter
enfiévrer

ENJOLIVER:

Enjoliver (verschönern). Das Mädchen bringt durch sein kunstvolles Schminken noch mehr Schönheit in sein Gesicht.

verschönern

enjoliver
embellir
égayer
enrichir
orner

EMBOUTEILLAGE:

L'embouteillage (Stau). Auch das Wort **embouteillage** hat zunächst das Gesicht **em-** (hinein). **Bouteille** heißt übersetzt Flasche. Ein wunderbares Beispiel dafür, wie bildhaft die Sprache sein kann. Stell dir eine riesige Flaschenöffnung vor, in die eine Schlange von Fahrzeugen hineinfährt. Was geschieht, wenn die ganze Schlange da rein will? Klar, ein hoffnungsloser Stau, weil alle in die enge Öffnung hinein wollen, aber keiner mehr herauskommt.

Stau

l'embouteillage (m)
le bouchon
l'encom-
brement (m)
l'engorgement (m)
le blocage

einrahmen

encadrer
entourer
encercler
enceindre
ourler

ENCADRER:

Encadrer (einrahmen). Der Künstler vollendet sein Kunstwerk, indem er es einrahmt.

inhaftieren

emprisonner
enfermer
verrouiller
emmurer
cloîtrer

EMPRISONNER:

Emprisonner (inhaftieren). Wieder beginnt das Wort mit dem Gesicht **em-**, also hinein. Und wo geht es in diesem Fall hinein? In den Knast, le **prison** (Gefängnis).

EMBRASSER:

Embrasser (umarmen). Das Wort besteht aus **em-** (hinein) und **bras** (Arm). Also wird die Umarmung damit ausgedrückt. Zunächst heißt es also schlicht: umarmen. Aber Achtung! Das Wort ist ein herrliches Beispiel dafür, wie sensibel die Sprache in Verbindung mit der Empfindung der Menschen sein kann. Es bietet gleichermaßen Möglichkeiten des exakten Ausdrucks wie auch die Chance, in ein gnadenloses Fettnäpfchen zu treten. Denn mit **embrasser** kann man die freundschaftliche, liebevolle, zärtliche Umarmung ausdrücken, wie die einer Mutter bei ihrem Kind, aber auch das Küssen frisch Verliebter.

Baiser ist ein ähnliches Wort wie **embrasser.** Und auch dieses kann ein zartes Küsschen meinen, andererseits aber auch ein erotisch unbegrenztes Liebesspiel in allen Varianten.

umarmen

embrasser
enlacer
étreindre
baiser
serrer dans les bras

Gedächtnis-Landkarte

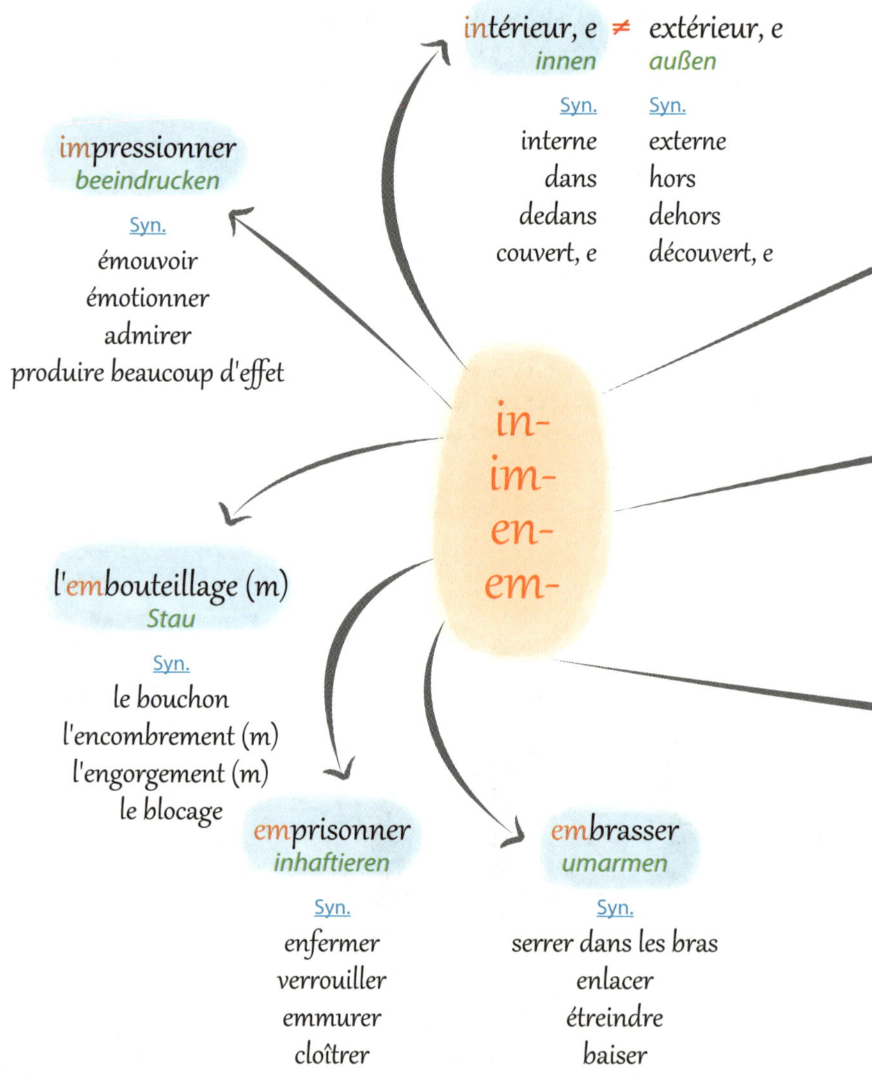

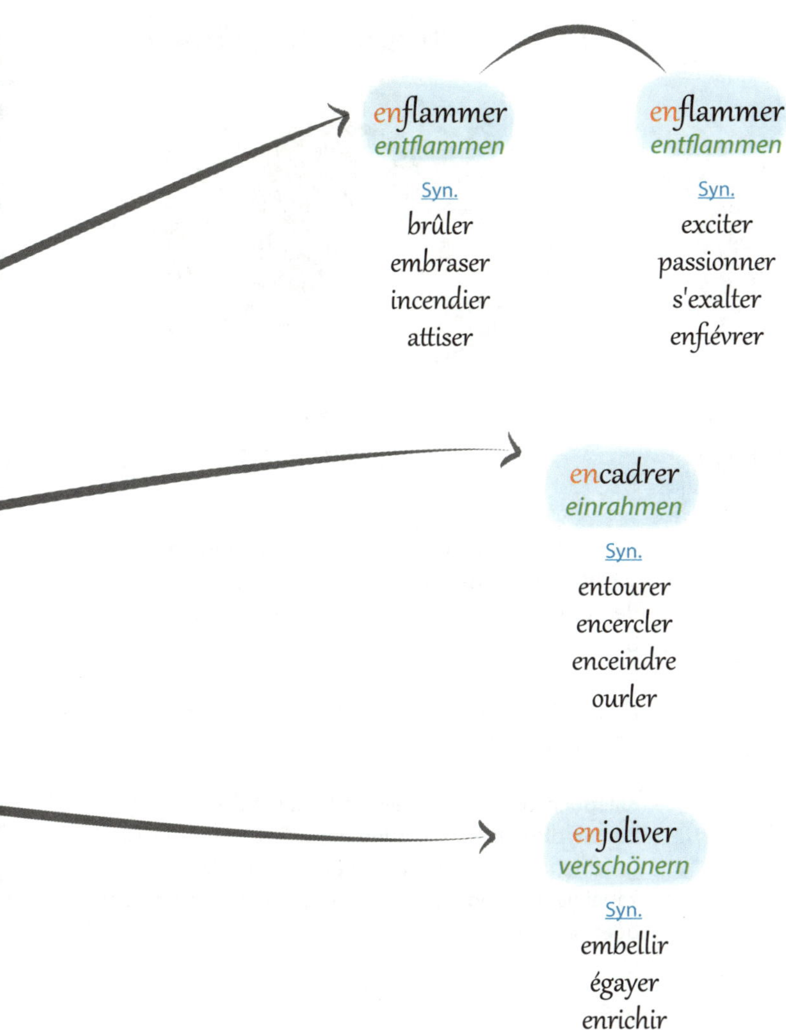

enflammer
entflammen

Syn.
brûler
embraser
incendier
attiser

enflammer
entflammen

Syn.
exciter
passionner
s'exalter
enfiévrer

encadrer
einrahmen

Syn.
entourer
encercler
enceindre
ourler

enjoliver
verschönern

Syn.
embellir
égayer
enrichir
orner

1.3 Die „Hinaus-Gesichter“:

Nach den Vokabeln, die sich mit „intérieur“ beschäftigen, wenden wir uns – wie sollte es anders sein – den Vokabeln zu, die sich mit dem Hinaus oder Draußen beschäftigen.

Kannst du dich noch an die allgemeine Funktion des Vokabelgesichts erinnern?

Klar doch, das Vokabelgesicht lenkt liebevoll deinen Blick in die richtige Richtung der Wortbedeutung. Das geschieht, indem das Gesicht uns mitteilt, ob die Vokabel gegenteiliger Bedeutung ist oder ob etwas hinein- oder hinausgeht.

Einige Begriffe verdeutlichen das „Draußen“ ohne nähere Erläuterungen, einige benötigen eine Ausführung oder ein intensiveres Untersuchen des genaueren Wortsinns.

Damit man sich die Bedeutung der „**ex**-Gesicht“-Wörter ganz einfach merken kann, stellt man sich am besten einen gezeichneten Kreis vor.
Im Kreisinneren findet sich alles, was normal, gewohnt und nichts Besonderes ist, außerhalb des Kreises findet sich alles, was besonders, anders, ungewöhnlich ist.

hors du commun
(außergewöhnlich)

EXCELLENT, E:

Excellent bedeutet: brillant, hervorragend, vorzüglich. Das **ex-** sagt in diesem Fall aus, dass dieses Wort Eigenschaften ausdrückt, die außerhalb des Alltäglichen, Normalen liegen.

EXTRAORDINAIRE:

Extraordinaire wird aus zwei Wörtern abgeleitet: **extra** (außerhalb, anders) und **ordinaire** (gewöhnlich, normal, bekannt). Zusammengesetzt drückt das Wort „Außergewöhnliches" aus. Also Dinge, die außerhalb des Kreises des Gewohnten liegen.

EXCEPTIONNEL, LE:

Exceptionnel sagt aus, dass etwas besonders oder außerordentlich ist. Das Wort wird dann benötigt, wenn man Dinge beschreiben will, die aus dem normalen Rahmen fallen.

Obwohl die drei zuvor genannten Begriffe anders aussehen und unterschiedlich klingen, ist deren Bedeutung täuschend ähnlich und nah beieinander. Teilweise könnten sie sogar gegeneinander ausgetauscht werden.

Aber wenn du diese kleinen feinen Unterschiede einzusetzen weißt, wirst du und wird dein Französisch für andere **excellent**, **extraordinaire** und **exceptionnel**. Das hört man doch gerne, oder?

Um dich noch mehr aus dem Gewöhnlichen hervorstechen zu lassen, habe ich auf der nächsten Seite noch eine Fülle von Begriffen für dich gesammelt.

fabuleux, -euse
formidable
fantastique
magnifique
merveilleux, -euse

excellent, e
exceptionnel, le
extraordinaire
exquis, e
exemplaire

prodigieux, -euse
faramineux, -euse
renversant, e
splendide
somptueux, -euse

retentissant, e
raffiné, e
chouette
sensationnel, le
féerique

idéal, e
divin, e
grandiose
transcendant, e
éminent, e

super

hervorragend

génial, e
unique
singulier, -ière
spécial, e
admirable

parfait, e
nickel
magique
inouï, e
impeccable

incomparable
indescriptible
inexprimable
irremplaçable
remarquable

superbe
stupéfiant, e
sublime
surprenant, e
spectaculaire

incroyable
inimaginable
miraculeux, -euse
hallucinant, e
phénoménal, e

épatant, e
étonnant, e
éblouissant, e
étourdissant, e
époustouflant, e

ausgezeichnet

exotisch

exotique
d'ailleurs
lointain, e
étrange
pas ordinaire

EXOTIQUE:

Exotique bedeutet: fremdartig, anders, besonders. Meistens handelt es sich dabei um Dinge, die aus fernen Ländern zu uns kommen.

Exotische Früchte wie die Ananas, Mangos oder Papayas. Für Thailänder leckerer Alltag, für uns fremd und außergewöhnlich, da hier nichts davon wächst, sondern von weit her mit dem Schiff angeschippert wird.

EFFORT:

Effort (Mühe, Anstrengung). Bevor wir Experten in etwas werden, müssen wir zunächst eine ganze Menge Mühe aufbringen, damit wir besonders gut darin werden.

Natürlich liegt dir jetzt die Frage schon auf der Zunge: weshalb in diesem Fall **ef-** und nicht **ex-** als Vokabelgesicht?

Wie gut, dass du einen Augenblick gezögert und deine Frage nicht gleich ausgespuckt hast, weil dir gerade eben die Antwort darauf selber eingefallen ist.

Ja, richtig, wir nutzen in diesem Fall aus Bequemlichkeitsgründen für unsere „Lautgestaltungsorgane", also für unsere Zunge und unsere Lippen, in diesem Fall ein **ef-**.

Mühe, Anstrengung

l'effort (m)
le labeur
l'application (f)
l'acharnement (m)
la lutte

Das Herz dieses Wortes ist **fort**, was Bärenstärke ausdrückt. Bärenstärke, die wir erst einmal aufbringen müssen, um schließlich Experte zu werden.

Wie würde das denn sonst klingen: „exfort" – komisch, nicht wahr? Da bekommt man ja fast einen Knoten in die Zunge.

EFFACER:

Aus dieser Reihe ist eines der gängigsten Wörter: **effacer** (löschen, streichen).
Das **-facer** hinter dem **ef-** kommt von dem Wort **face**, das bedeutet: Oberfläche. Indem das **ef-** davor steht, wird schnell klar, dass die Buchstaben von dem Computerbildschirm entfernt werden.

ÉTEINT, E:

Éteint bezieht sich auf etwas, das ausgestorben ist. Das, worum es geht, ist draußen aus dem Weltgeschehen und gibt es jetzt nicht mehr. In diesem Fall wurde noch eine kürzere Form gewählt, nämlich nur noch das **é-**.

éteint, e
défunt, e
mort, e
disparu, e
épuisé, e

Gedächtnis-Landkarte

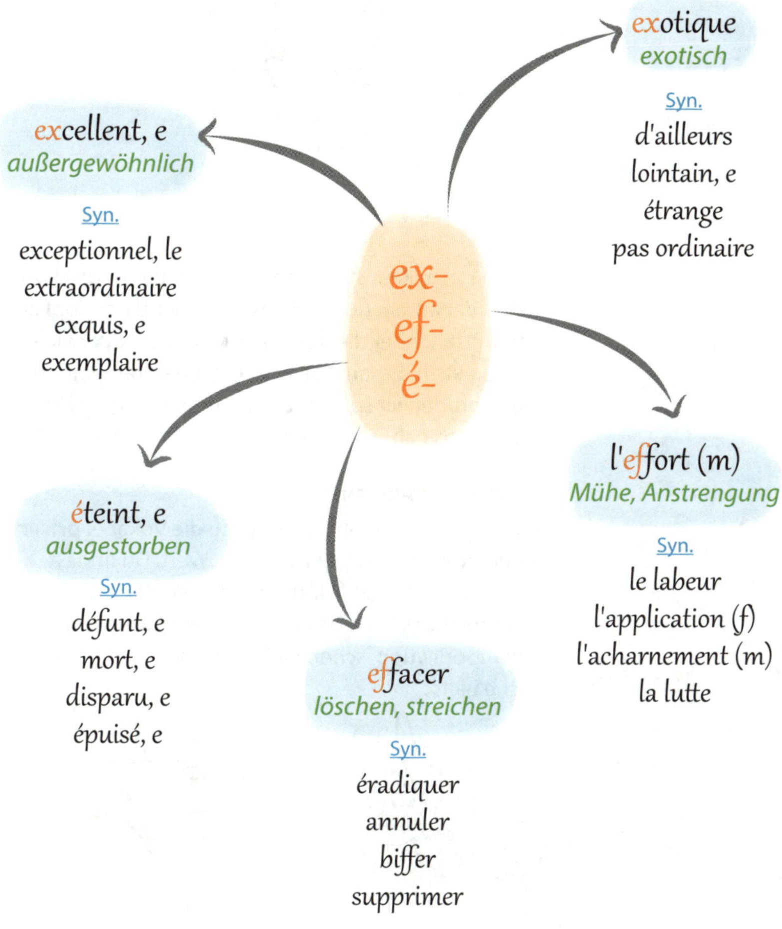

1.4 *Die „Gegenteil-Gesichter“:*

Du kennst ja schon die Welt des Kopfschüttelns in vielen Varianten. Auch hier, bei **mé-**, wird der Kopf kräftig geschüttelt. Aber die Sprache ist so wunderbar vielfältig und exakt. In diesem Fall wird nicht nur verneint, sondern das, worüber wir sprechen, wird in sein Gegenteil gekehrt. Lass es uns näher ansehen:

PRISER – MÉPRISER:

Schätzt du etwas sehr, benutzt du die Vokabel **priser** dafür. **Pris** heißt so viel wie: Preis, Wert. Du findest also etwas wertvoll. Willst du dagegen deine Verachtung ausdrücken, setzt du einfach ein **mé-** davor und schwuppdiwupp, schon weiß jeder, was du von der Sache hältst.

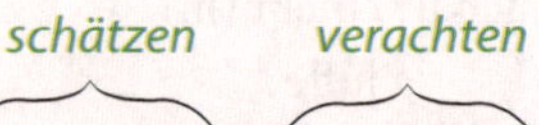

schätzen	≠	verachten
priser		mépriser
affectionner		dédaigner
apprécier		haïr
aimer		déprécier
estimer		mésestimer

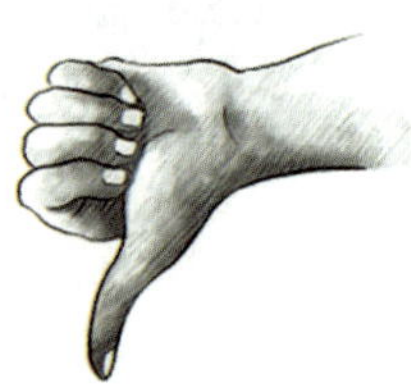

CONTENT, E – MÉCONTENT, E:

Content heißt zufrieden oder glücklich. Alles läuft gut. Ganz anders ist es, wenn vor dem **content** das Gesicht **mé-** steht. Dann bist du unzufrieden, niedergeschlagen oder übelllaunig.

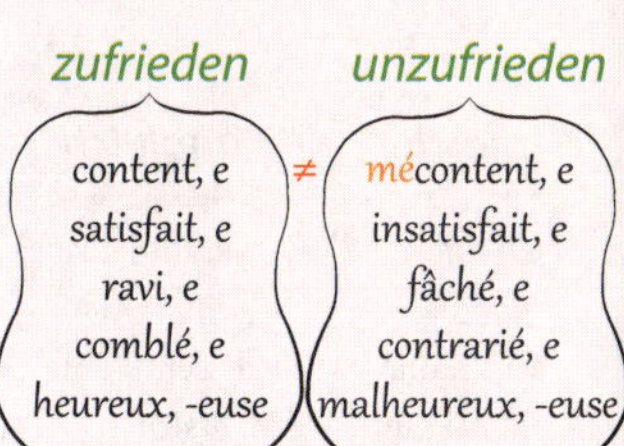

SE FIER – SE MÉFIER:

Gewöhnlich vertraut man seinem oder seiner Liebsten. Das heißt auf Französisch: **se fier.** Leider gibt es nicht selten Anlässe oder Umstände, die unser Vertrauen in geliebte Menschen ins Wanken bringen, in denen man eher misstraut. Die wunderbare Sprache schafft das, indem einfach ein **mé-** vor das **fier** gesetzt wird.

vertrauen	≠	*misstrauen*
se fier		se méfier
confier		se défier
faire confiance		faire gaffe
avoir confiance		soupçonner
compter sur qn		être sur ses gardes

SIMILAIRE – DISSIMILAIRE:
Aus dem Wort **similaire** (gleich) wird durch das **dis**-Gesicht **dissimilaire** (ungleich).

gleich		ungleich
similaire	≠	dissimilaire
pareil, le		différent, e
semblable		dissemblable
identique		distinct, e
tel, le		divers, e

JOINDRE – DISJOINDRE:
Während man mit dem Wort **joindre** (verbinden) Dinge zusammenbringt, trennt man sie mit **disjoindre** (trennen) wieder voneinander.

verbinden		trennen
joindre	≠	disjoindre
unir		désunir
assembler		désassembler
souder		sectionner
attacher		séparer

PROPORTIONNÉ, E – DISPROPORTIONNÉ, E:

Das **dis-** rückt Verhältnisse aus dem Gleichgewicht. Setzt du es vor das **proportionné** (verhältnismäßig), wird etwas **disproportionné** (unverhältnismäßig).

verhältnismäßig		unverhältnismäßig
proportionné, e	≠	disproportionné, e
équilibré, e		inégal, e
mesuré, e		démesuré, e
convenable		excessif, -ive
harmonieux, -euse		différent, e

COURTOIS, E – DISCOURTOIS, E:

Ließe die Kleine ihrem Papa die Ruhe, sich auf das Fahren zu konzentrieren, wäre sie **courtois** (höflich). Leider ist sie es aber nicht. Im Gegenteil, sie benimmt sich total daneben, sie ist **discourtois** (unhöflich).

höflich		unhöflich
courtois, e	≠	discourtois, e
poli, e		impoli, e
honnête		vulgaire
avenant, e		grossier, -ière
respectueux, -euse		irrespectueux, -euse

Gedächtnis-Landkarte

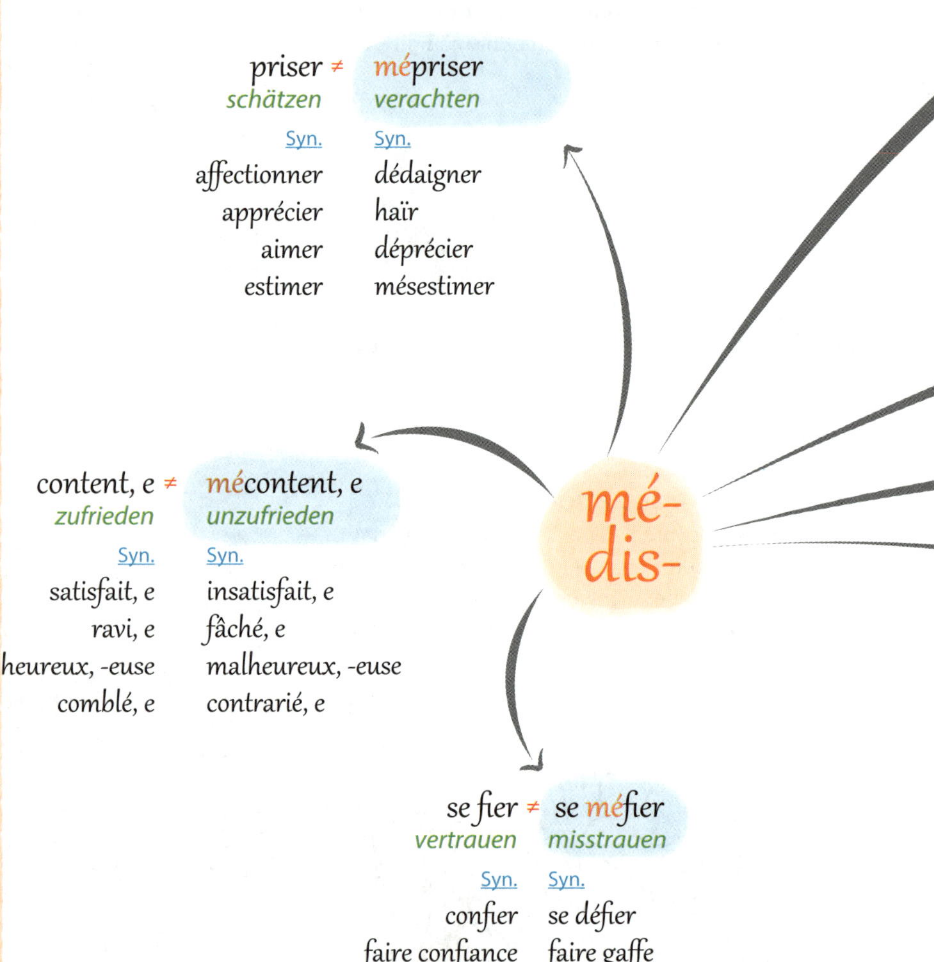

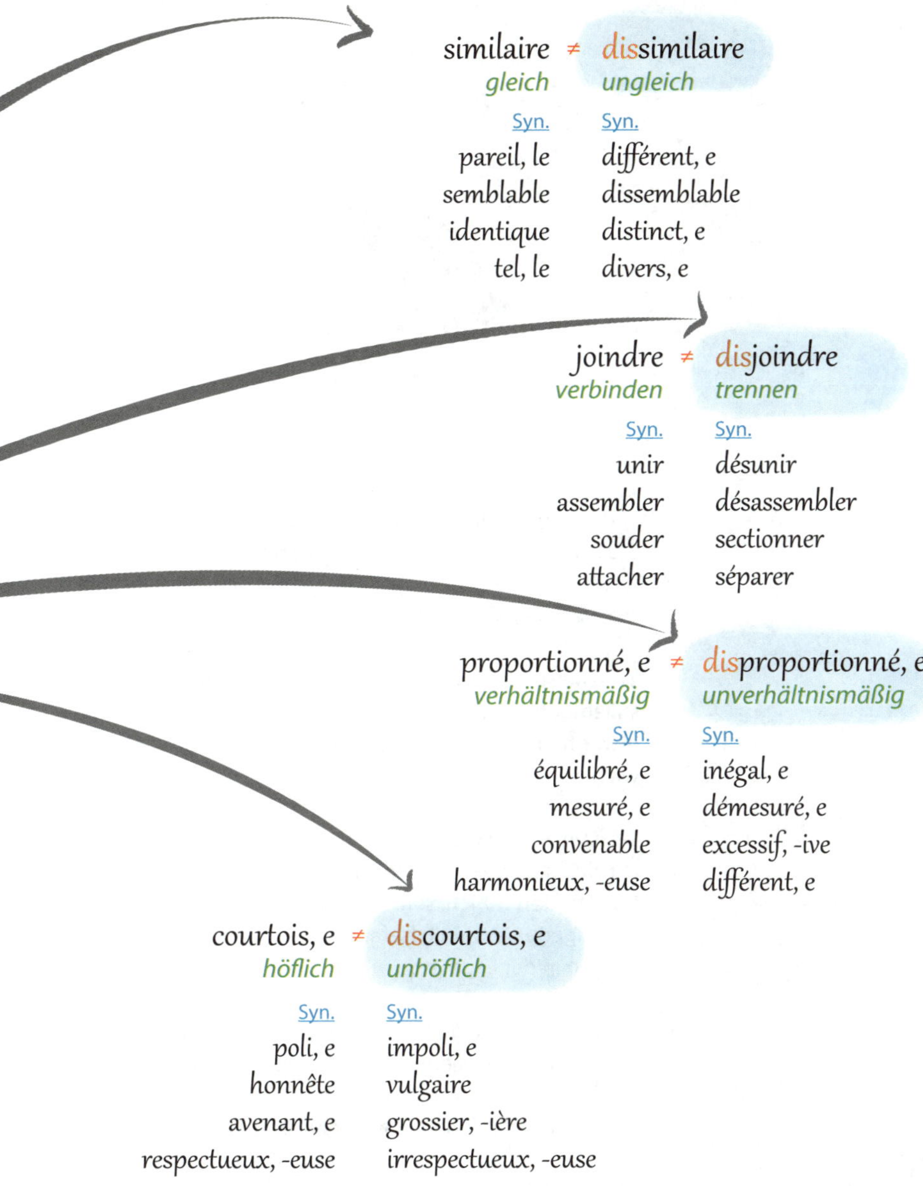

	≠	
similaire	≠	**dis**similaire
gleich		*ungleich*
Syn.		Syn.
pareil, le		différent, e
semblable		dissemblable
identique		distinct, e
tel, le		divers, e

	≠	
joindre	≠	**dis**joindre
verbinden		*trennen*
Syn.		Syn.
unir		désunir
assembler		désassembler
souder		sectionner
attacher		séparer

	≠	
proportionné, e	≠	**dis**proportionné, e
verhältnismäßig		*unverhältnismäßig*
Syn.		Syn.
équilibré, e		inégal, e
mesuré, e		démesuré, e
convenable		excessif, -ive
harmonieux, -euse		différent, e

	≠	
courtois, e	≠	**dis**courtois, e
höflich		*unhöflich*
Syn.		Syn.
poli, e		impoli, e
honnête		vulgaire
avenant, e		grossier, -ière
respectueux, -euse		irrespectueux, -euse

1.5 Die „Pfeil-Gesichter“:

Kurzer Rückblick: Du kennst jetzt schon einen Stall voller französischer Vokabelgesichter. Und du weißt, dass sie uns durch ihr Aussehen Geheimnisse von sich verraten können.

Zum Beispiel, dass wir mit unserem Kopf schütteln sollen, sobald wir sie sehen. Oder wir wissen sofort, dass etwas hineingegeben oder etwas herausgenommen wird.

Jetzt wenden wir uns anderen Vokabelgesichtern zu. Du weißt schon, dein Gedächtnis sollte sich niemals unterfordert fühlen, sonst beginnt es zu schwächeln, wohingegen es durch Herausforderungen zu Höchstleistungen in der Lage ist.

Die neuen Vokabelgesichter haben die Eigenart, dass sie sich immer irgendjemandem oder etwas nähern.

Wir beginnen mit dem Wort **admirer** (bewundern).

ADMIRER:

Admirer bedeutet: bewundern, verehren. Der Pfeil der Bewunderung richtet sich in diesem Fall auf eine bestimmte Person.

„Je t'admire énormément!"
(„Ich verehre dich sehr!")

ADVERSAIRE:

Adversaire (Gegner) bezieht sich auf einen Gegner oder Rivalen. Zwei Gegner fixieren einander pausenlos mit hasserfüllten oder feindseligen Augen.

Diese zwei Wörter sind Beispiele für das zielgerichtete Verhalten des **ad**-Gesichtes. Jetzt zeige ich dir noch weitere Spielvarianten. Halte dir noch einmal den dir schon bekannten Umstand vor Augen, dass die bequeme Aussprache eine entscheidende Rolle bei der Gestaltung des Wortes einnimmt.

bewundern

admirer
adorer
chérir
vénérer
estimer

Gegner/in

l'adversaire (m/f)
l'ennemi, e
le/la rival, e
l'antagoniste (m/f)
le/la compétiteur, -trice

Das Gesicht des Wortes passt sein Aussehen dem danach folgenden Vokabelherzen an. Das geschieht auch wieder bei dem **ad**-Gesicht.

ACCUSER:

Accuser heißt, jemanden eines Fehlers zu beschuldigen. An dieser Stelle möchte ich das gegenteilige Wort, den Begriff **excuser** anführen. In dem zweiten Fall entschuldigt man sich für etwas, man nimmt die Schuld heraus. Das Gesicht, das vor dem **cuse** steht, ist entscheidend. **Ex-** führt aus etwas heraus, **accuser** nutzt das Pfeilgesicht. Verwechsle die beiden nicht miteinander.

Accuser: Du beschuldigst jemanden zielgerichtet.
Excuser: Du entschuldigst jemanden oder dich selbst.

beschuldigen *entschuldigen*

beschuldigen	≠	entschuldigen
accuser		excuser
blâmer		pardonner
inculper		acquitter
imputer		innocenter
culpabiliser		déculpabiliser

AGGRAVER:

Aggraver heißt: verschlimmern. Das Wort besteht aus zwei Teilen: **ag-** und **grave**. Das **grave** bedeutet so viel wie: ernsthaft, bedenklich. Durch das **ag**-Gesicht richtet sich die Bedenklichkeit direkt auf eine Situation oder auf einen Umstand. Um mal wieder kurz auf eine Seitenstraße abzubiegen, möchte ich hier das Gegenteilwort von **aggraver** anführen, und das lautet: **alléger** (lindern, mildern).

Hast du es schon bemerkt? Vor **aggraver** steht das **ag**-Gesicht und nicht das **ad**-Gesicht. Du weißt schon, weshalb!

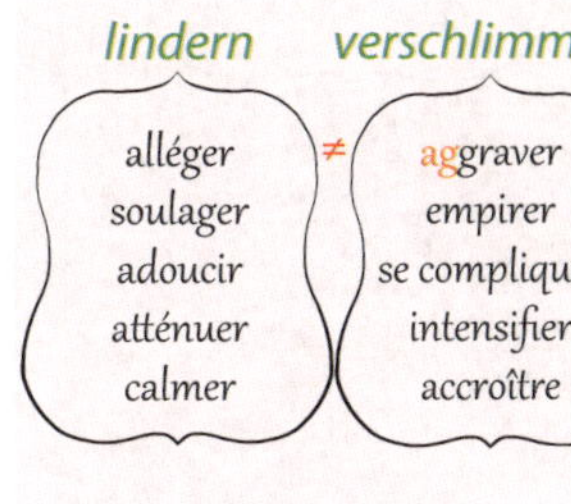

APPRÉCIER:

Unser nächstes Beispielwort heißt **apprécier** (schätzen, würdigen, verehren). – Das **précier**, also das Herz des Wortes, kommt von dem Begriff **prix** (Preis, Wert). Bei **apprécier** richtet sich unser Pfeil genau auf den Wert dessen, um den oder das es geht.

schätzen, würdigen

apprécier
être reconnaissant, e
avoir de l'affection
chérir
estimer

„J'apprécie beaucoup ton aide."
(„Ich schätze deine Hilfe sehr.")

APPROXIMATIVEMENT:

Approximativement heißt: ungefähr, annähernd. Es kommt von dem Wort **proximité** (Nähe). Durch das Pfeilgesicht **ap-** wissen wir, dass wir uns auf etwas zu bewegen und wir uns schon in dessen Nähe befinden.

ungefähr

approximativement
environ
à peu près
en gros
grosso modo

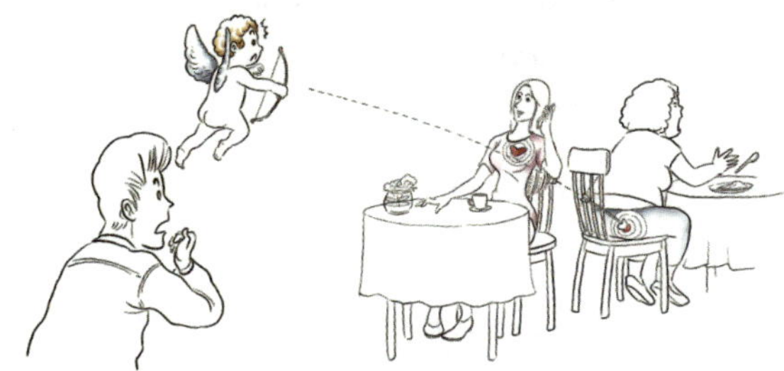

„C'est mieux d'être approximativement juste que complètement faux."

(„Es ist besser, ziemlich richtig zu liegen als total falsch.")

ASSURER:

Assurer heißt: versichern, zusichern. Natürlich ist dir das Wort **sûr** (sicher) vertraut. In diesem Fall ist unser Pfeil also auf die Sicherheit gerichtet.

versichern

assurer
garantir
affirmer
certifier
attester

„Je t'assure, chéri, tu seras en sécurité."

(„Ich versichere dir, mein Schatz, dir wird nichts geschehen.")

ATTIRER:

Attirer heißt: jemanden anziehen, locken, auf sich lenken.

anziehen

attirer
séduire
fasciner
captiver
magnétiser

Gedächtnis-Landkarte

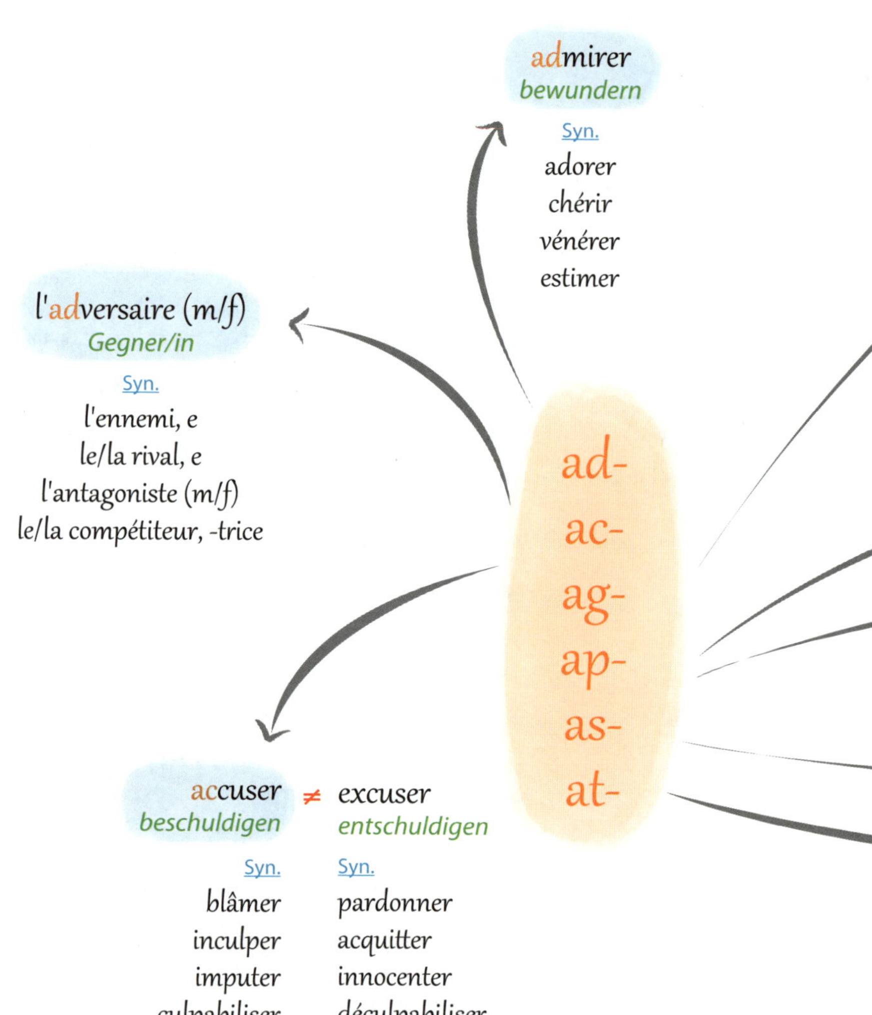

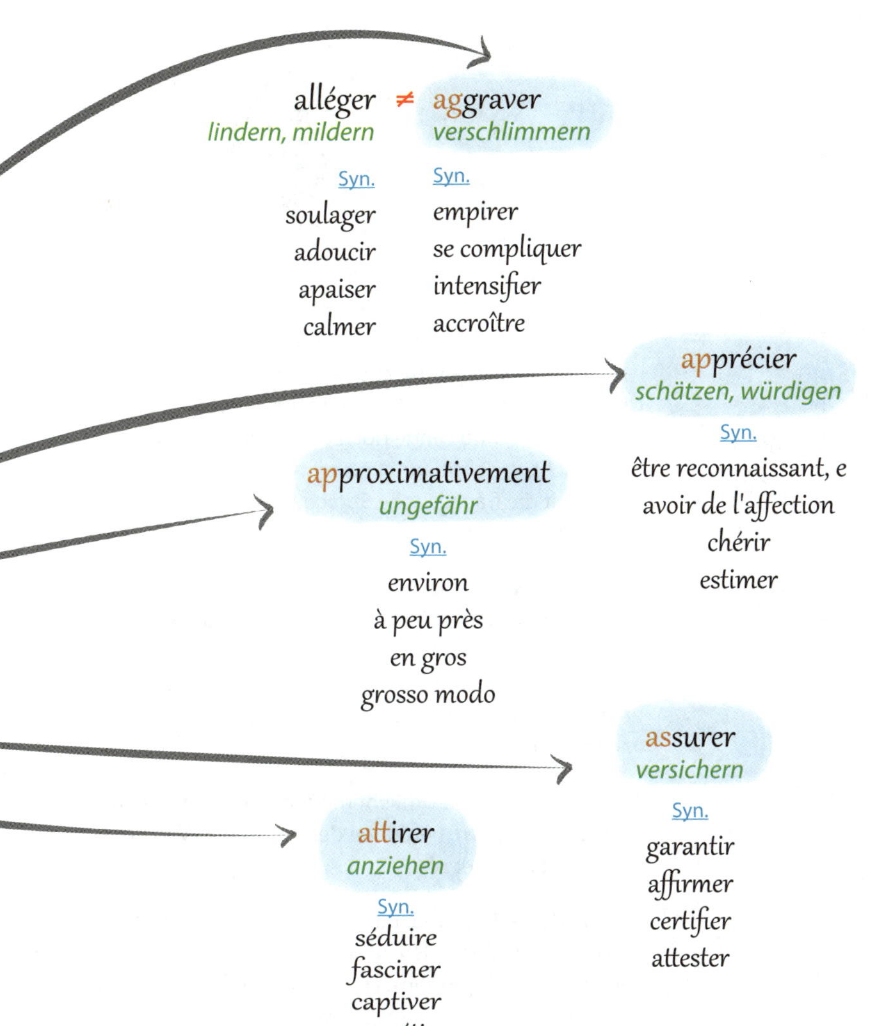

alléger ≠ aggraver
lindern, mildern
verschlimmern
Syn.
soulager
adoucir
apaiser
calmer
Syn.
empirer
se compliquer
intensifier
accroître
apprécier
schätzen, würdigen
Syn.
être reconnaissant, e
avoir de l'affection
chérir
estimer
approximativement
ungefähr
Syn.
environ
à peu près
en gros
grosso modo
assurer
versichern
Syn.
garantir
affirmer
certifier
attester
attirer
anziehen
Syn.
séduire
fasciner
captiver
magnétiser

1.6 Die „Zurückschau- oder Neuhandel-Gesichter“:

Jeder von uns macht Fehler, nicht wahr? Deshalb erwartet das Leben manchmal von uns, dass wir umkehren und Dinge noch einmal angehen, die zuvor nicht so richtig funktioniert haben. Aus diesem Grund hat die französische Sprache für solche Fälle vorgesorgt.

Nein, nicht um solche Fehler von vornherein zu verhindern, aber die französische Sprache hat für diese Fälle ein Erkennungsgesicht geschaffen, damit wir beim ersten Hinsehen sofort wissen, worum es sich dabei handelt. (Sofern wir diese Geheimsprache zu lesen verstehen.)

Alle Wörter, die eine Umkehr mit erneutem Startversuch ausdrücken wollen, beginnen deswegen mit dem Vokabelgesicht **re-** oder **ré-**.

Und wieder verlassen wir ganz flott die trockene Theorie und gehen mit Beispielen in die saftige Praxis über. So geht es am flottesten, die Geheimregeln zu verstehen und zu behalten.

RETOURNER:

Wir beginnen unsere Beispiele mit dem Wort **retourner**. Ausgehend von dem Wort **tourner** (drehen), bedeutet **retourner**, dass wir uns von unserem aktuellen Ziel abwenden und noch einmal zu dem Ort zurückkehren, an dem wir zuvor waren.

zurückkehren

retourner
revenir
rentrer
repasser
reculer

REVITALISER:

Revitaliser sagt man, wenn man sich erfrischt, sich stärkt oder wenn man neue Energie auftankt. Eines der Synonyme dieses Wortes lautet **rafraîchir**. Aus diesem Grund heißen die modernen Erfrischungsgetränke auch **rafraîchissement.**

erfrischen, auffrischen

revitaliser
revigorer
requinquer
rafraîchir
ranimer

REFUSER:

Bei dem Beispiel **refuser** (verweigern, ablehnen) verdeutlicht man, dass man nicht gewillt ist, etwas zu tun, das von einem erwartet oder gefordert wird. Man wendet sich von dem Geforderten ab und handelt anders, als es verlangt wurde.

refuser
nier
décliner
rejeter
repousser

„Je vais lui faire une offre qu'elle ne pourra pas refuser."
(„Ich werde ihr ein Angebot machen, das sie nicht ablehnen kann.")

Es gibt im Französischen noch eine Fülle von **re**-Beispielen. Stürzen wir uns in sie hinein:

RÉINCARNATION:

Réincarnation ist die Wiedergeburt der Seele in einem neuen Körper.

Das **ré-** bedeutet in diesem Fall, dass die Seele zu neuem Leben wiederkehrt. Im Spanischen und im Italienischen gibt es das Wort „carne" (Fleisch). In diesem Sinne könnte die **réincarnation** als Rückkehr zu Fleisch und Blut gesehen werden.

Dieses Wort ist der beste Beweis dafür, dass es sich lohnt, der Natur der Wörter nachzugehen. Dadurch werden komplizierte Wörter wie **réincarnation** einfach und verständlich, und lange Wörter verlieren ihren Schrecken. Meist ist es sogar so, dass die langen und komplizierten Wörter auf Dauer leichter zu behalten sind, da sie so viel über sich selbst verraten.

Wiedergeburt

la réincarnation
la renaissance
la transmigration
la métempsycose
la palingénésie

RÉORGANISER:

Unser nächstes Beispiel in dieser Reihe ist **réorganiser**. **Réorganiser** bedeutet, etwas neu zu strukturieren, zu verbessern. **Organiser** alleine heißt nur, etwas systematisch und klar zu ordnen. Aber sobald etwas **réorganisé** wird, gab es vorher schon einmal eine Ordnung, die nun verbessert und erneuert wird.

reorganisieren

réorganiser
restructurer
réajuster
réarranger
réaménager

RECONNAÎTRE:

Wenn man **reconnaître** sagt, erkennt man jemanden oder etwas wieder, das oder den man davor schon gekannt hat.

erkennen, anerkennen

reconnaître
se rappeler
se souvenir
identifier
assimiler

„Je t'ai reconnu mais je ne me souviens plus de ton nom."
(„Ich erkenne dich, aber ich erinnere mich nicht an deinen Namen.")

RÉAPPARAÎTRE:

Réapparaître bedeutet das Wiedererscheinen von etwas oder jemandem, das oder der vorher verschwunden war. Der Zauberer ist ein Meister in dieser Kunst. Er versteht sich darin, Leute oder Dinge verschwinden und sie an jedem x-beliebigen Ort wieder erscheinen zu lassen.

wiedererscheinen

réapparaître
ressurgir
renaître
éclore
affleurer

Gedächtnis-Landkarte

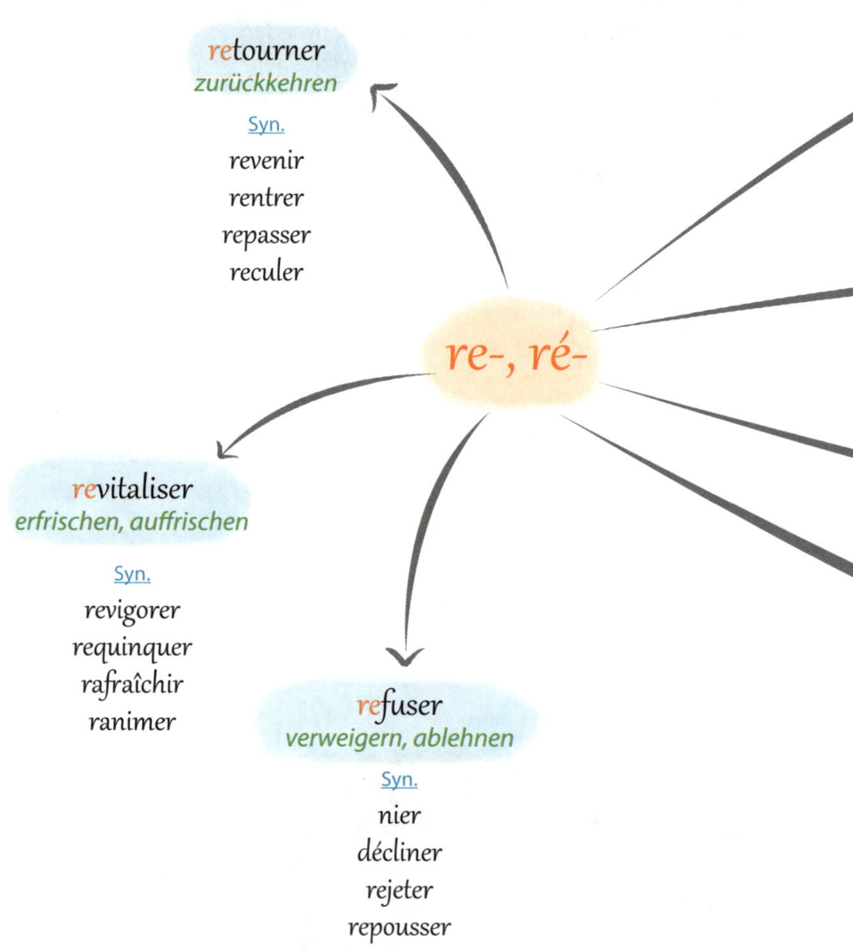

réincarnation
Wiedergeburt

Syn.

la renaissance
la transmigration
la métempsycose
la palingénésie

réorganiser
reorganisieren

Syn.

restructurer
réajuster
réarranger
réaménager

reconnaître
erkennen, anerkennen

Syn.

se rappeler
se souvenir
identifier
assimiler

réapparaître
wiedererscheinen

Syn.

ressurgir
renaître
éclore
affleurer

1.7 Die „Abwärts- oder Weggeh-Gesichter“:

Sobald wir auf ein **de-**, **dé-** oder **dés**-Gesicht in der französischen Sprache stoßen, können wir davon ausgehen, dass jemand oder etwas sich abwärts bewegt oder fortgeht.

Dabei kann es sich gleichermaßen um ein tatsächliches Abwärtsbewegen handeln wie auch um ein stimmungsmäßiges. Wir wenden uns mit unseren ersten Beispielen erst mal den „Abwärts-Wörtern“ zu.

DÉCROÎTRE:

Décroître heißt: verkleinern. Etwas verliert dabei an Größe oder an Qualität. Das bedeutet, die Größe oder die Qualität von etwas verringert sich – im Gegensatz zum Wort **accroître** (vergrößern), bei dem etwas an Größe oder an Qualität zunimmt.

nachlassen steigern

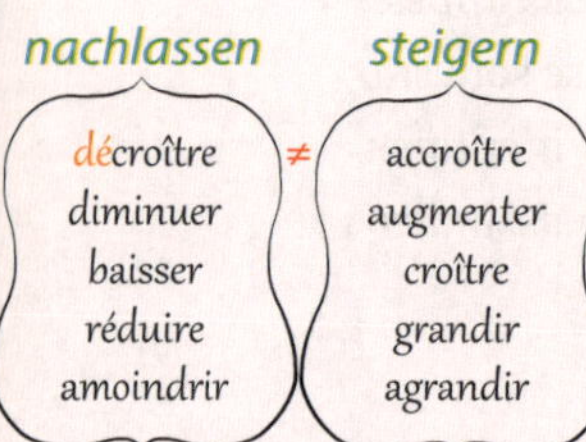

DÉPENDRE:

Pendre heißt „hängen", wohingegen **dépendre** „abhängen" bedeutet.

Isabelle est en train de dépendre le linge.
(Isabelle hängt gerade die Wäsche ab.)

DESCENDANT:

Descendant kommt ursprünglich von dem Herz **descend**, das wir auch von dem Verb **descendre** (hinuntergehen) kennen. Indem man ein **-ant** hinten dranhängt, wird daraus das Wort **descendant** (Nachkomme, Abkömmling).
Der **descendant** steht in einem Familienstammbaum unter dem **antécédent** (Vorfahre).

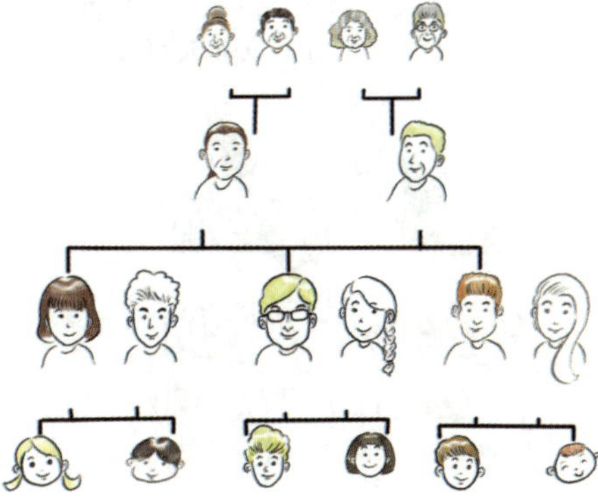

abhängen

dépendre (le linge)
décrocher
détacher
ôter
retirer

Vorfahre/Vorfahrin

l'antécédent, e
l'ancêtre (m/f)
l'aïeul, e
le patriarche
le précurseur

Nachkomme

le/la descendant, e
le successeur
l'héritier, -ière
la progéniture
le rejeton

Wir sind immer noch bei den **dé-**, **dés**-Gesichtern. Aber jetzt wenden wir uns den Wörtern zu, die wir die Weggeh-Wörter nennen. Das bedeutet, das sich jemand oder etwas von jemandem oder etwas distanziert.

DÉSAPPROUVER:

Approuver heißt, dass man der gleichen Meinung ist wie jemand anderes. Durch **dés-** davor wird das Wort zu **désapprouver**, und wir teilen mit, dass wir eine andere Meinung haben.

nicht einverstanden sein

désapprouver
protester
donner tort
différer
ne pas être d'accord

DÉLOYAL, E:

Wenn dein bester Freund hinter deinem Rücken etwas mit deiner Freundin hat, ist das ziemlich **déloyal** (illoyal) dir gegenüber. Man entfernt sich von der Freundes-Loyalität.

illoyal

déloyal, e
malhonnête
indélicat, e
véreux, -euse
vilain, e

DÉCOUVRIR:

Découvrir benutzt man, wenn man ausdrücken will, dass man etwas Unbekanntes entdeckt hat, wie Christoph Columbus Amerika. Es kommt von dem Wort **couvrir** (bedecken, verdecken). Amerika gab es vor Christoph Columbus auch schon. Aber mit Ausnahme der Einwohner Amerikas wusste davor niemand davon.

entdecken

découvrir
révéler
dévoiler
déceler
dénicher

SE DÉVÊTIR:

Se vêtir bedeutet: sich anziehen. Bei **se dévêtir** hingegen entledigt man sich seiner Kleidung.

sich entkleiden

se dévêtir
se déshabiller
se découvrir
se dénuder
se mettre à poil

Gedächtnis-Landkarte

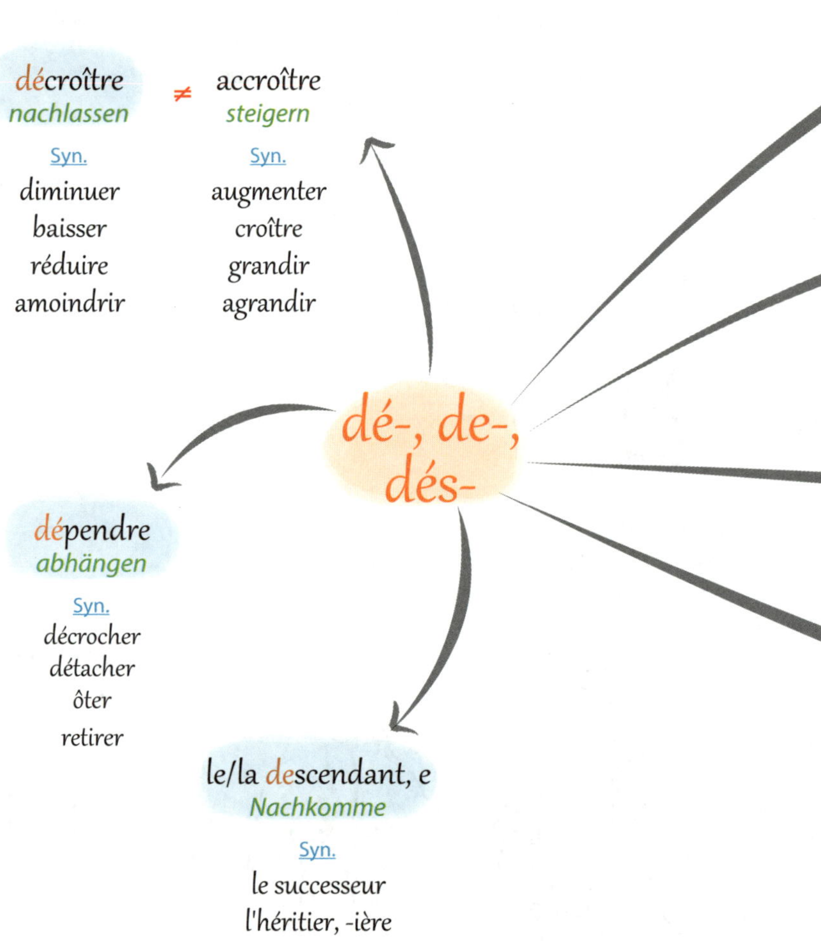

désapprouver
nicht einverstanden sein

Syn.
protester
donner tort
différer
ne pas être d'accord

déloyal, e
illoyal

Syn.
malhonnête
indélicat, e
véreux, -euse
vilain, e

découvrir
entdecken

Syn.
révéler
dévoiler
déceler
dénicher

se dévêtir
sich entkleiden

Syn.
se déshabiller
se découvrir
se dénuder
se mettre à poil

1.8 Die „Drüber- und Drunter-Gesichter“:

Die folgende Wortgruppe lässt Dinge „drüber und drunter gehen“. Diese Vokabelgesichter teilen uns mit, ob eine Sache darüber oder darunter ist.

Man kann das mitteilen, indem man das Gesicht **sur-** verwendet, man kann das aber auch tun, indem man dem jeweiligen Wort **sou-**, **sous-** oder **sub-** vorsetzt. Das geht flott und ist obendrein noch elegant und gekonnt.

Wir starten mit den **sur-Gesichtern**.

sur-

überrascht

surpris, e
étonné, e
ahuri, e
stupéfait, e
déconcerté, e

SURPRIS, E:
Surpris (überrascht).
Eine der schönsten Überraschungen im Leben ist wohl, wenn jemand um die Hand anhält.
Man fühlt sich dann förmlich in den Himmel gehoben.

EN SURPOIDS:

En surpoids (übergewichtig) ist das Gegenteilwort von **sous-pondéré** (untergewichtig). Bei dem Gebrauch des Begriffs **en surpoids** bleibt man taktvoller, als wenn man jemandem sagt, dass er oder sie dick ist.

SURVEILLER:

Ein Wort kann mehrerlei Bedeutungen haben. So kann durch das **surveiller** (überwachen, beschatten) ausgedrückt werden, dass eine Person eine andere kontrolliert. Oder aber jemand kontrolliert sorgenvoll sein eigenes Gewicht.

übergewichtig

en surpoids
grassouillet, te
obèse
charnu, e
dodu, e

überwachen

surveiller
contrôler
espionner
observer
veiller

SURPLUS:

Surplus (Überschuss) heißt der Geldbetrag, der über dem liegt, was man davor investiert hat, also der Gewinn eines Geschäftes zum Beispiel.

Überschuss

le surplus
l'excédent (m)
l'excès (m)
la profusion
l'abondance (f)

SURVIVRE:

Survivre (überleben). Das heißt, man ist nach einer schwierigen Lebenssituation oder einer vorangegangenen Gefahr noch am Leben. Man steht danach sozusagen über der gemeisterten Situation.

überleben

survivre
rester en vie
subsister
surnager
vivoter

SURPASSER:

Surpasser (überschreiten, übertreffen). Sobald jemand über einen bisherigen Rekord hinausgelangt, übertrifft er diesen. Pflückst du das Wort **surpasser** auseinander, erhältst du ein **sur** (über) und ein **passer** (schreiten).

übertreffen

surpasser
prévaloir
surclasser
devancer
triompher

SURMENÉ, E:

Was zu viel ist, ist zu viel. Wenn die Arbeit einem über den Kopf wächst, fühlt man sich **surmené** (überlastet).

überlastet

surmené, e
fatigué, e
claqué, e
éreinté, e
exténué, e

Gedächtnis-Landkarte

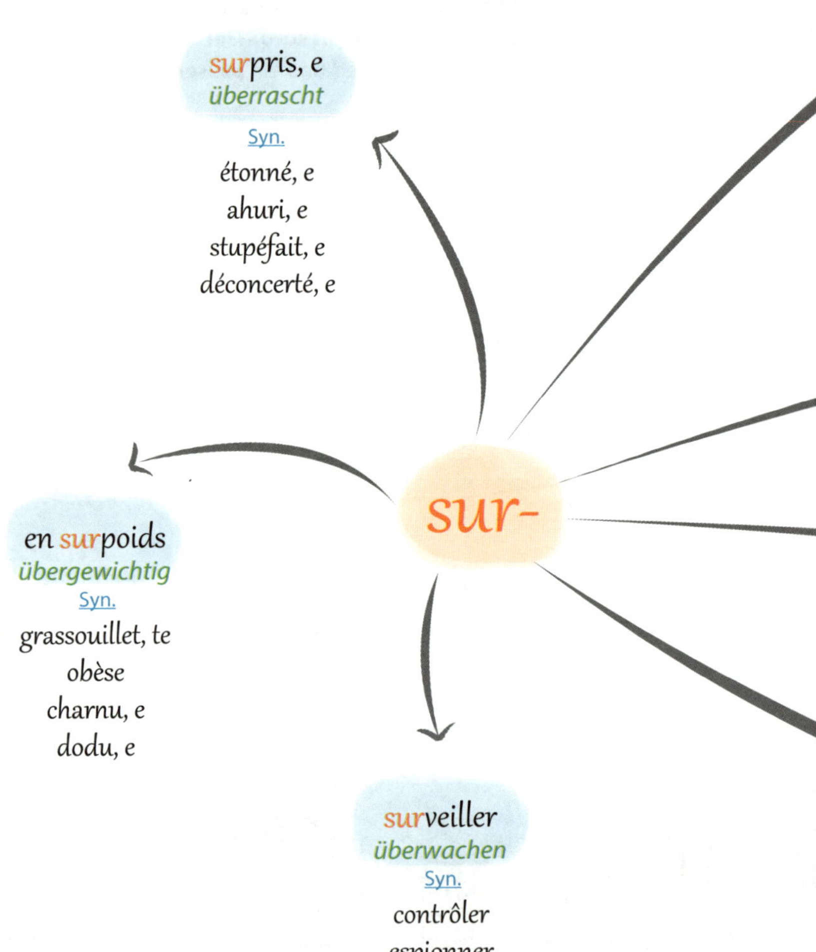

le surplus
Überschuss

Syn.

l'excédent (m)
l'excès (m)
la profusion
l'abondance (f)

survivre
überleben

Syn.

rester en vie
subsister
surnager
vivoter

surpasser
übertreffen

Syn.

prévaloir
surclasser
devancer
triompher

surmené, e
überlastet

Syn.

fatigué, e
claqué, e
éreinté, e
extenué, e

sou-, sous-

SOULIGNER:
Souligner (unterstreichen) ist ein sehr gebräuchliches Wort, das jeder von uns kennt. Gemeint ist damit, eine Linie unter eine Textpassage zu setzen, um sie so vom restlichen Text abzuheben und gleich ins Auge fallen zu lassen. Diese Linie kann man tatsächlich zeichnen oder man meint es im übertragenen Sinne, wenn man beim Sprechen eine Passage besonders hervorheben will.

souligner

unterstreichen

souligner
préciser
noter
accentuer
mettre en évidence

SOUS-VÊTEMENTS:
Sous-vêtements (Unterwäsche) müssen nicht unbedingt nur an tiefer gelegenen Körperpartien getragen werden. Entscheidend ist, dass es die dem Körper nächste Wäsche ist, über der dann die Oberbekleidung getragen wird.

Unterwäsche

les sous vêtements
les dessous
la lingerie
la culotte
le slip

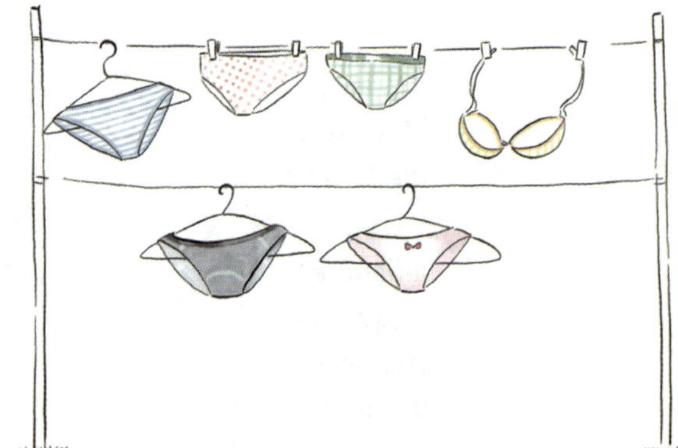

SOUSTRAIRE:

Das Herz **traire** (ziehen) heißt im Zusammenhang mit **sous-**, dass etwas von etwas anderem abgezogen wird. Eine Zahl oder ein Geldbetrag zum Beispiel.

abziehen

soustraire
enlever
ôter
diminuer
déduire

1 - 1 = 0

Toi - moi = Très seul, e

SOUS-MARIN:

Le sous-marin (U-Boot) nennt man ein Schiff, das in der Lage ist, in die Tiefen der Meere zu tauchen. Die Wurzel „marine" kommt vom spanischen Wort „mar" (Meer).

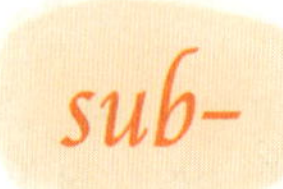

So, jetzt fahren wir mit den **sou-, sous-**Gesichtern fort. Dabei bleiben wir – symbolisch gesprochen – immer noch im Keller und beginnen mit dem Wörtchen **subconscient**.

SUBCONSCIENT:

Subconscient (Unterbewusstsein). Das große Feld der Psychologen und Psychotherapeuten. Sie wären unglücklich oder arbeitslos, gäbe es nicht diesen Begriff im Vokabular. Es beschreibt die tiefen Kellerräume unseres Bewusstseins, zu denen wir nicht immer einen Zugang haben, die aber trotzdem ihre Spuren in unserem Leben und in unserem Reagieren hinterlassen.

Unterbewusstsein

le subconscient
l'inconscient (m)
l'instinct (m)
l'intuition (f)
l'intériorité (f)

unterbewusst

subconscient, e
inconscient, e
instinctif, -ive
subliminal, e
infraliminal, e

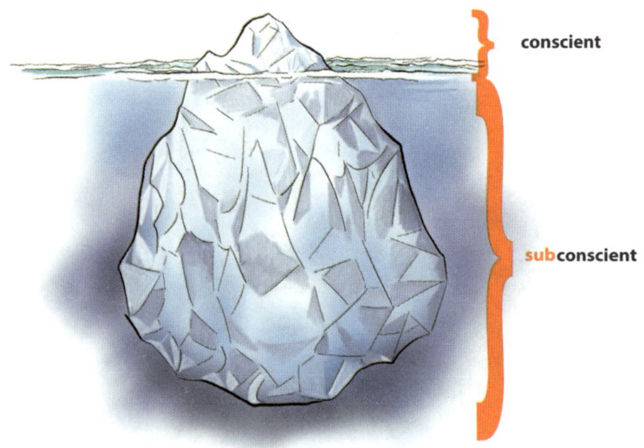

SUBMERGER:

Émerger sagt man, wenn man aus einer Flüssigkeit auftaucht. Mit **submerger** (untertauchen) meint man das Gegenteil, man taucht in eine Flüssigkeit ein, man taucht unter. Das Wort wird meistens im übertragenen Sinne gebraucht. Zum Beispiel, wenn jemand so tief in seine Arbeit eintaucht, dass sie ihn ganz umschwemmt und er gar nichts anderes mehr mitbekommt. Er kommt gegen das Ausmaß seiner Arbeit nicht mehr an.

Il est submergé de travail.
(Er geht in Arbeit unter.)

untertauchen

submerger
inonder
noyer
déborder
ensevelir

Um die wichtigsten Dinge des Kapitels noch einmal zusammenzufassen: **Sur-** heißt *über* oder *darüber*, und das Gegenteil davon sind **sou-**, **sous-** oder **sub-**, die *unter* oder *darunter* bedeuten.

Gedächtnis-Landkarte

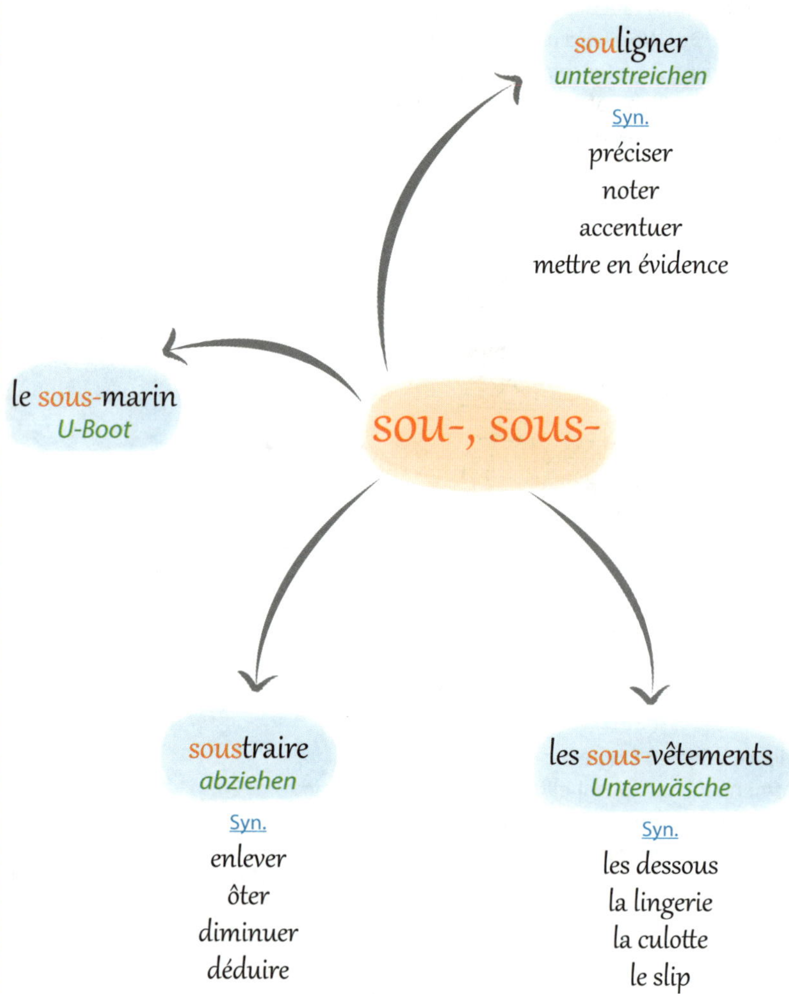

submerger
untertauchen

Syn.
inonder
noyer
déborder
ensevelir

sub-

subconscient, e
unterbewusst

Syn.
subliminal, e
infraliminal, e

le **sub**conscient
Unterbewusstsein

Syn.
l'inconscient (m)
l'instinct (m)
l'intuition (f)
l'intériorité (f)

1.9 Die „Vorwärts- und Vorher-Gesichter“:

Pro-, Pré-

Zu deiner Erinnerung noch einmal: Kennst du im Französischen die Richtung, die ein Wort einschlägt, hast du es mit dem Verständnis seiner Bedeutung sehr viel leichter. Bei unseren folgenden Beispielen erkläre ich dir gleich zwei Vokabelgesichter, das **pro-** und das **pré-**. **Pro-** bedeutet: vorwärts. **Pré-** bedeutet: vorher.

Ich beginne mit dem Vokabelgesicht **pro-**.

PROGRESSER:

Progresser bedeutet: fortschreiten, verbessern. Das Substantiv davon ist **le progrès** (Fortschritt, Verbesserung). Der Prozess, an dem wir gerade stehen, wird nach vorne gebracht. Als Verb bezeichnet es die Tätigkeit des Verbesserns, und als Substantiv meint es das Ergebnis, also die Verbesserung von etwas.

In diesem Zusammenhang gibt es auch das Gegenteilwort **régresser** (zurückschreiten) und das Substantiv **la régression** (Rückschritt). Kannst du dich noch erinnern, was das Gesicht **ré**- bedeutet? **Ré**- bedeutet: zurück. Also ist der Prozess, den wir mit **régresser** beschreiben, in diesem Fall leider rücklaufig, also ein Rückschritt.

fortschreiten

progresser
améliorer
avancer
évoluer
développer

zurückschreiten

régresser
reculer
rétrograder
fléchir
retourner en arrière

PROVOCATION – PROVOQUER:

Mit der **provocation** (Provokation) bringen wir jemanden auf die Palme durch das, was wir zu ihm sagen. Das dazu passende Verb für die Tätigkeit des Provozierens lautet **provoquer**. Wenn du genau hinsiehst, findest du bei **provocation** und bei **provoquer** das Herz: **voc**, bzw. **voqu** (Stimme).

Provokation

la provocation
l'incitation (f)
le défi
l'excitation (f)
la menace

provozieren

provoquer
inciter
déclencher
causer
susciter

Du hast schon beinahe die Hälfte des Buches geschafft. Herzlichen Glückwunsch! Zeit für eine kurze Ruhepause.

PROCÉDER:

Nach deinem Päuschen passt kein besseres Wort als **procéder** (weitergehen, fortsetzen).

fortfahren

procéder
continuer
avancer
marcher
poursuivre

pré-

Schauen wir uns jetzt noch den kleinen Bruder von **pro-**, nämlich das **pré-** an. Das **pré-** sagt uns, dass etwas vorher war.

PRÉHISTOIRE:
Wie oft haben wir es in der Schule mit dem Wort **histoire** (Geschichte) zu tun. Durch das kleine Vokabelgesicht **pré-** wird die Geschichte zur **préhistoire** (Vorgeschichte). Das ist also die Zeit vor der Geschichte.

Vorsicht, Vorsorge

la précaution
la prudence
le soin
la prévoyance
la circonspection

PRÉCAUTION:
Précaution heißt: Vorsicht. Eigentlich heißt **caution** alleine schon „Vorsicht“. Durch das **pré-** wird die „Vorsicht“ zu einer „Vor-Vorsicht“, einer „Vorsorge“ oder „Vorkehrung“.
Du wirst aus Vorsicht also schon im Vorhinein aktiv.

PRÉDIRE – PRÉDICTION:
Und schließlich haben wir noch das kleine Wörtchen **prédire**, was „vorhersagen" bedeutet. Wir sagen also im Vorhinein etwas voraus, was im Nachhinein vermutlich geschehen wird. Das dazu passende Nomen lautet **prédiction.**

vorhersagen

prédire
prévoir
anticiper
présager
prophétiser

Vorhersage

la prédiction
la prévision
le pronostic
le présage
la prophétie

Gedächtnis-Landkarte

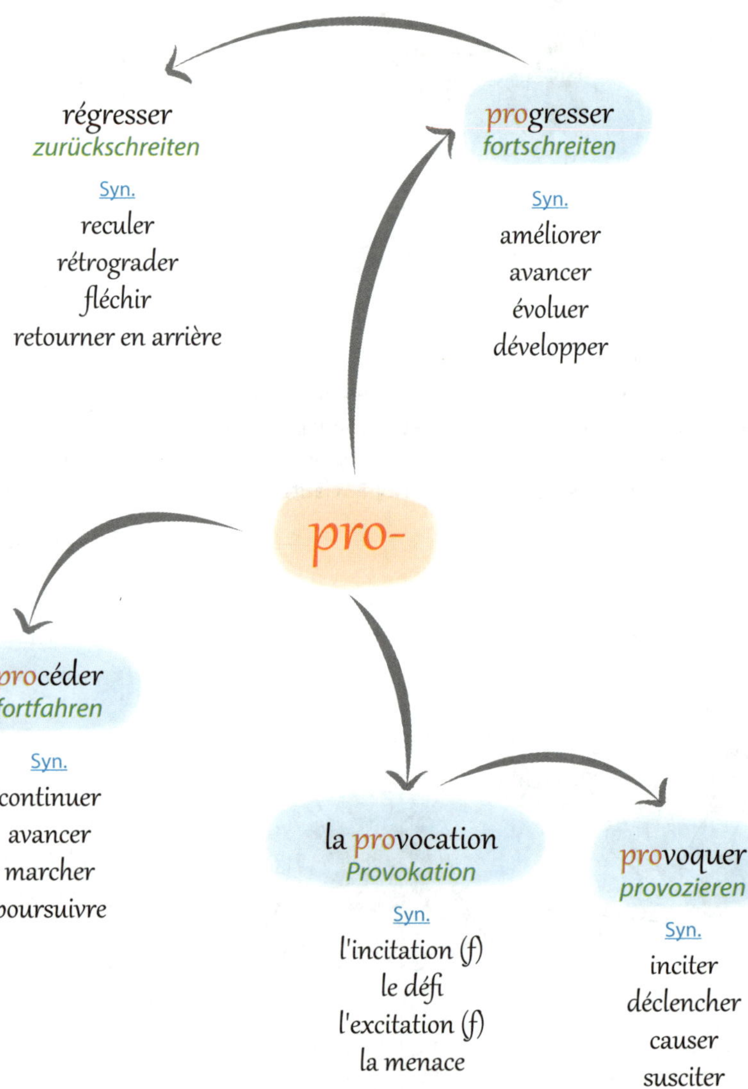

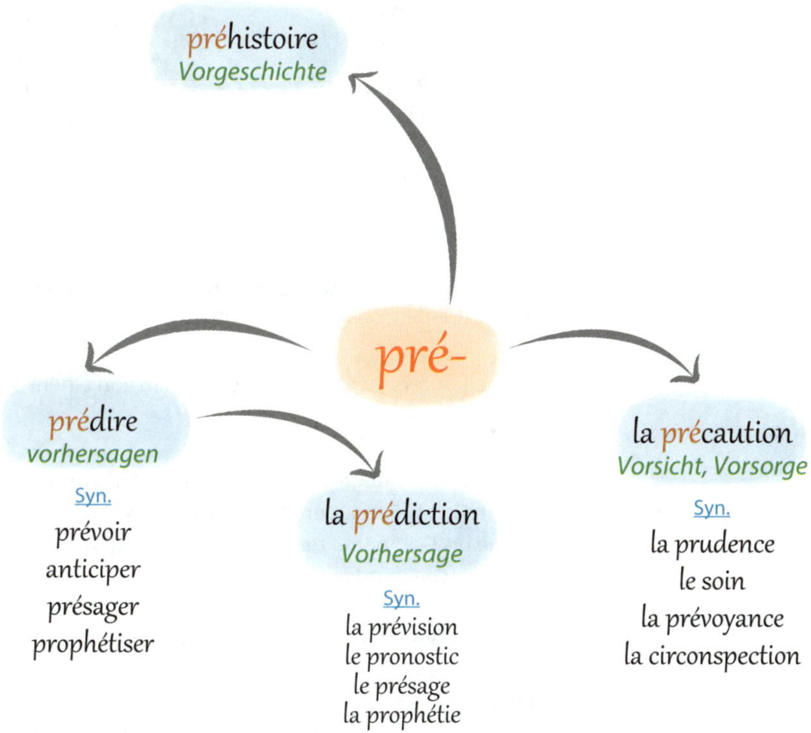

préhistoire
Vorgeschichte

pré-

prédire
vorhersagen

Syn.
prévoir
anticiper
présager
prophétiser

la prédiction
Vorhersage

Syn.
la prévision
le pronostic
le présage
la prophétie

la précaution
Vorsicht, Vorsorge

Syn.
la prudence
le soin
la prévoyance
la circonspection

1.10 Die „Helden- und die Bösewicht-Gesichter“:

Bevor ich mit den Ausführungen des folgenden Kapitels beginne, eine Frage an dich:

Wodurch unterscheidest du einen Helden von einem Bösewicht?

Ich meine, rein äußerlich. Helden und Bösewichte sehen in Filmen oft beide supertoll aus, haben eine klasse Stimme und ein perfektes Outfit. Trotzdem gibt es ja einen entscheidenden Unterschied!

Aber den erkennt man nur dann, wenn wir auf ihr Verhalten, ihre Gedanken oder ihre Absichten blicken. Dann erkennt man den wahren Charakter.
Von außen kann man sich bei beiden, bei den Helden und bei den Bösewichtern, vollkommen irren!

Zu deinem Glück kannst du dir in der französischen Sprache diese Art von Irrtümern sparen. Indem du die Gesichter der Vokabeln kennst und zuordnen kannst, bist du augenblicklich in der Lage, einen Helden von einem Bösewicht zu unterscheiden.

Die fünf „Helden-Bösewicht-Erkennungs-Gesichter" lauten im Französischen:

(1) **bien-**
(2) **béné-**
(3) **bon-**
(4) **mal-**
(5) **male-**

Sobald ein Wort mit einem **bien-**, **béné-** oder einem **bon-** beginnt, kannst du beruhigt aufatmen. Du hast es mit einem Helden, einem Guten zu tun.

Aber wehe, du triffst auf ein Wort, das mit **mal-**, **malé-** startet! Dann gehe gleich auf Sicherheitsabstand! Das, was sich dahinter verbirgt, meint es nicht gut. Nimm dich davor in Acht.

Da ich nicht erwarten kann, dass du mir jedes Wort glaubst, das ich dir sage, werde ich es dir anhand einiger Beispiele beweisen. Jetzt sprechen wir also von Helden und von Bösewichtern:

Natürlich beginnen wir mit der „guten Seite", und zwar mit dem Wort **bénéfice.**

béné-, bien-, bon-

BÉNÉFICE:

Bénéfice (Vorteil, Nutzen): Am **béné**-Gesicht erkennst du also, dass es ein positives, ein wohlwollendes Wort ist.

Gewinn, Vorteil

le bénéfice
l'avantage (m)
le profit
l'acquis (m)
le gain

BÉNÉDICTION:

Unser nächstes Heldenbeispielwort lautet **bénédiction**. Dies meint einen Segen oder eine Segnung. **Diction** bedeutet „Aussprache". Also ist eine **bénédiction** eine positive Aussprache über jemanden oder etwas.

Segnung

la bénédiction
la grâce
le bienfait
l'aubaine (f)
la prospérité

BIENVEILLANT, E:
Bienveillant (wohlwollend, gütig) ist ein Adjektiv. Das Vokabelherz **veillant** wird von dem Verb „vouloir" (wollen) abgeleitet. **Bien-** + **veillant** = positiv wollend.

wohlwollend

bienveillant, e
aimable
amical, e
indulgent, e
affectueux, -euse

BÉNÉFIQUE:
Das nächste Wort aus der Heldenreihe lautet **bénéfique**. Wegen des **béné**-Gesichtes entspannen wir uns also gleich einmal. **Fique** wird von dem Wort **faire** (machen, tun) abgeleitet. Die Zusammensetzung der beiden Begriffe meint also vorteilhaft, förderlich, bekömmlich, wohltuend.

wohltuend

bénéfique
avantageux, -euse
favorable
bienfaisant, e
salutaire

BIENFAITEUR, -TRICE:
Hinter dem nächsten Begriff, **bienfaiteur**, verbirgt sich ein Wohltäter, der es gut mit dir meint und der dich oder die Sache, für die du kämpfst, unterstützt. Das kann finanzielle wie auch mentale Unterstützung bedeuten, indem er hinter deiner Idee steht.

Wohltäter/in

le/la bienfaiteur, -trice
le/la donateur, -trice
le sauveur
le/la protecteur, -trice
le mécène

BONUS:
Muss ich zu dem nächsten Wort, **bonus**, noch irgendetwas erklären? Klar, **bon-** ist positiv. Diese Wort füllt also Geld in dein Portemonnaie. Durchaus positiv, oder?

Bonus, Zugabe

le bonus
la prime
la gratification
la bonification
la subvention

BON VOYAGE:

Bon voyage! (Gute Reise!) **Bon** bedeutet gut und **voyage** meint die Reise. Beides zusammen ruft man jemanden hinterher, der sich gerade auf eine Reise macht.

Gute Reise!

Bon voyage!
Bonne route!
Bon vent!

Damit beenden wir erst einmal unsere Helden-Wörter. Eins ist jetzt sicher: Ab jetzt wirst du sofort Vertrauen schöpfen, wenn du die Vorsilben **bien-**, **béné-** oder **bon-** liest. Damit du deine Feinde kennst und mit ihnen umgehen kannst, müssen wir uns jetzt leider noch mit den Bösewicht-Gesichtern auseinandersetzen.

Gedächtnis-Landkarte

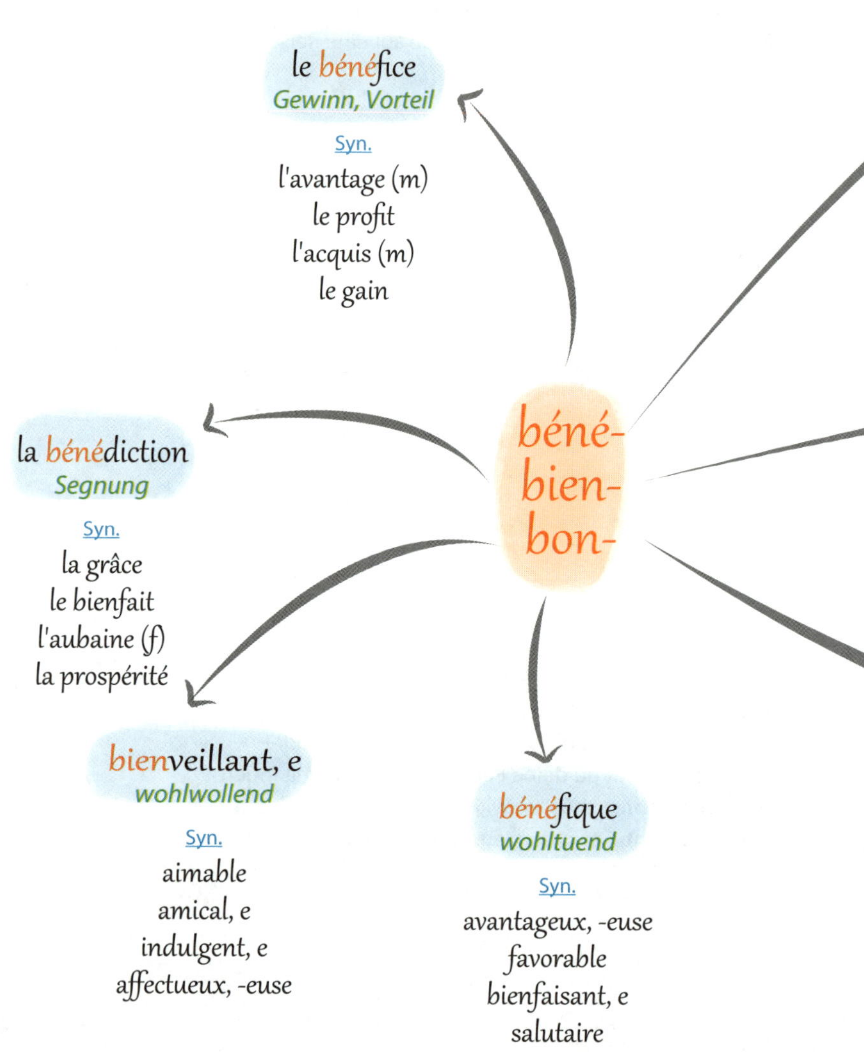

le/la bienfaiteur, -trice
Wohltäter/in

Syn.
le/la donateur, -trice
le sauveur
le/la protecteur, -trice
le mécène

Bon voyage!
Gute Reise!

Syn.
Bonne route!
Bon vent!

le bonus
Bonus, Zugabe

Syn.
la prime
la gratification
la bonification
la subvention

mal-, malé-

Nach den vielen positiven Begriffen müssen wir uns natürlich auch den negativen zuwenden, den Wörtern, die im Französischen mit **mal-** oder **malé-** beginnen.

PROPRE – MALPROPRE:
Propre heißt: sauber. Das **mal-** davor macht das Wort negativ, also unsauber.

„Maintenez cet endroit propre et je ne dirai rien sur ce que j'ai vu."
(„Halte dieses Örtchen sauber, und ich verrate niemandem, was ich gesehen habe.")

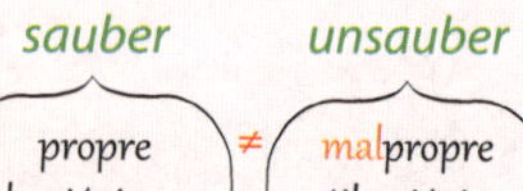

sauber		unsauber
propre	≠	malpropre
hygiénique		antihygiénique
soigné, e		sale
immaculé, e		maculé, e
sanitaire		insalubre

MALÉDICTION:
Malédiction (Fluch, Verwünschung) ist das Gegenteil von **bénédiction**. Keine weitere Erklärung nötig, oder?

Fluch

la malédiction
le malheur
la malchance
la fatalité
la damnation

MALVEILLANT, E:

Das nächste Wort, das wir uns vorknöpfen, lautet: **malveillant**. Als helles Köpfchen hast du darin sofort das Gegenteilwort von **bienveillant** erkannt. Während **bienveillant** also „wohlwollend" bedeutet, meint **malveillant**: böswillig, feindselig, übelwollend. Pfui Teufel!

böswillig

malveillant, e
mauvais, e
méchant, e
malin, e
malintentionné, e

MALINTENTIONNÉ, E:

Einer, der dir Schaden zufügen möchte, ist **malintentionné** (böswillig). Das Wort hat also die gleiche Bedeutung, wie **malveillant**.

MALFAITEUR, -TRICE:

Weshalb muss alles Gute nur eine Schattenseite haben? Auch das schöne Wort **bienfaiteur** (Wohltäter) hat ein gegenteiliges Wort, und das lautet **malfaiteur** (Übeltäter). Gut nur, dass du dich durch dein Wissen um das **mal**-Gesicht gleich vor so einem schützen kannst.

Übeltäter/in

le/la malfaiteur, -trice
le malfrat
l'escroc (m)
le/la criminel, le
le brigand

MALNUTRITION:

Eine **malnutrition** (**nutrition** = Ernährung) ist eine Unter- oder Fehlernährung.

Fehlernährung

la malnutrition
la dénutrition
la sousalimentation
la suralimentation
l'alimentation (f) mal équilibrée

MALMENER:

Das Wort benutzt man zum Beispiel, wenn die Frau ihrem Mann mit der Pfanne eins überbrät.

schlecht behandeln

malmener
maltraiter
abuser
brutaliser
infliger

MALAISE:

Das Wort **malaise** (Krankheit) beinhaltet das Wörtchen **aise** (leicht, einfach). Durch das **mal-** wird die Leichtigkeit entzogen. Was zuvor leicht, gesund, locker war, wurde durch das **mal-** krank, beschwerlich und mühevoll.

„Thomas, j'ai la malaria!"
(„Thomas, ich habe Malaria!")

Wäre es nicht klasse, wenn wir alle negativen Dinge in unserem Leben dadurch verhindern oder streichen könnten, indem wir das Vokabelgesicht **mal-** einfach aus unserem Wortschatz entfernen?

Super Vorstellung, ein **mal**-freies Leben. Das ist natürlich Träumerei und wird so nicht funktionieren. Aber indem du die Sprachgeheimnisse, die sich hinter den Wörtern verstecken, immer besser kennenlernst, wird dein Leben natürlich dadurch sehr viel **mal**-freier, jede Wette.

Und wie du schon weißt, kannst du dein Herz öffnen, wenn du die Vorsilben **bien-, béné-** oder **bon-** liest. Sie meinen es gut mit dir und der Welt.

Krankheit

le malaise
la maladie
l'affection (f)
le mal-être
la souffrance

Gedächtnis-Landkarte

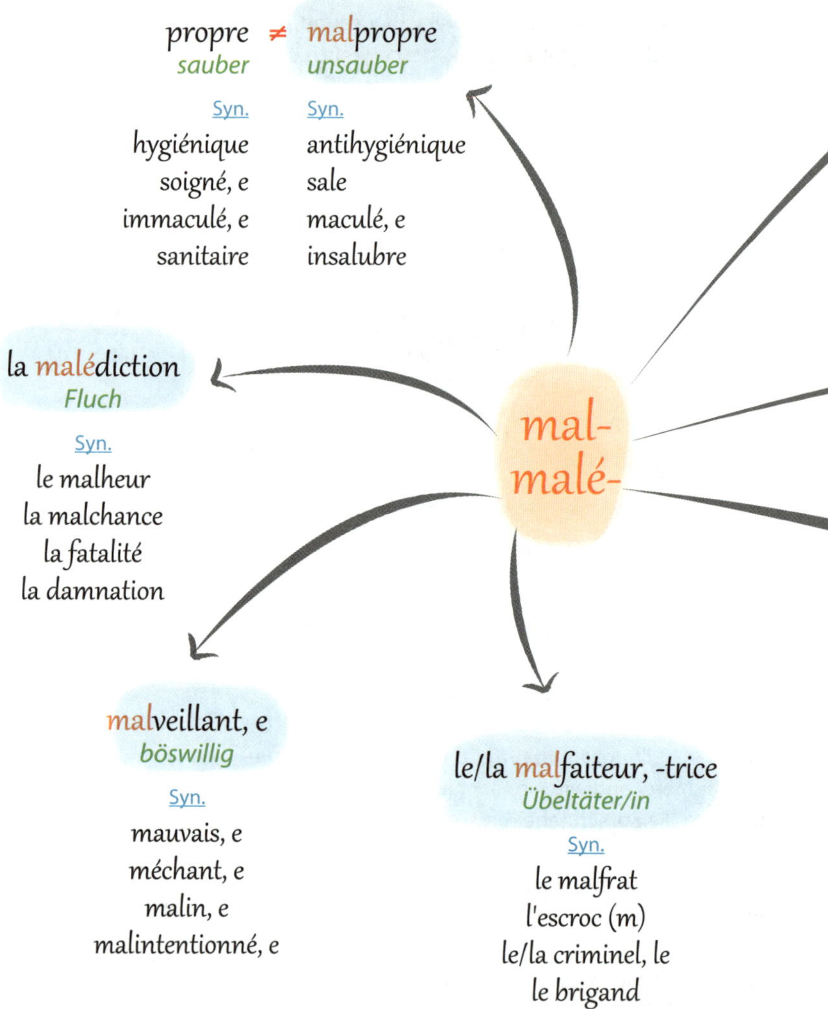

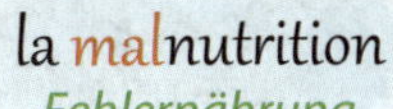

la malnutrition
Fehlernährung

Syn.

la dénutrition
la sous-alimentation
la suralimentation
l'alimentation (f) mal équilibrée

malmener
schlecht behandeln

Syn.

maltraiter
abuser
brutaliser
infliger

le malaise
Krankheit

Syn.

la maladie
l'affection (f)
le mal-être
la souffrance

2. Vokabeln des menschlichen Körpers und der körperlichen Aktivitäten

Ich habe dir eine Vielzahl Vokabelgesichter vorgestellt und gezeigt. Jetzt kannst du etliche von ihnen zuordnen und begreifen, ohne sie lange zu pauken.
Sie verraten sich, selbst wenn du sie vorher noch nicht gelesen oder gehört hast.
Jetzt tauchen wir eine Ebene tiefer im Hinblick auf das Verständnis der französischen Sprache und beschäftigen uns ab jetzt mit den Herzen der Vokabeln.

Wie gehen wir dabei vor, wenn wir das Herz von jemandem ergründen wollen? Klar, wir müssen erst einmal vertraut mit diesem Menschen werden. Wir müssen genau hinsehen. Dabei lernen wir seine Eigenarten und seine Reaktionsweisen kennen. Wir erfahren dadurch, wie derjenige „tickt“. Und wir erfahren Dinge von ihm, die uns vorher noch verborgen, noch geheim waren.

Wenn wir erst einmal an die Geheimnisse von jemandem herangekommen sind, ist es um das Verständnis seines Herzens nicht mehr weit.
Um dir diesen Weg abzukürzen, verrate ich dir eines der innersten Geheimnisse der Sprache.

Du wirst mir das Geheimnis vielleicht erst nicht glauben wollen:
Ich verrate dir das Geheimnis, dass auch Wörter, wie wir Menschen,
über fünf Sinne verfügen:
das Sehen, das Hören, das Riechen, das Schmecken und das Fühlen.

Hast du mir bisher geglaubt und mir vertraut, so könnte es sein, dass du mich jetzt an dieser Stelle vollständig in Frage stellst.
Vielleicht hast du bisher gedacht: „Das ist ja interessant, was der mir über die Hintergründe der Sprache zu erzählen hat. Und es ist für mich obendrein auch noch hilfreich.

Aber jetzt? Jetzt ist er total abgedreht. Ob das vorher auch schon alles Unsinn war?"

Wenn du so denkst, kann ich dich sogar verstehen! Klar, die Sprache hat ihre ganz eigene Welt, mit ihrer eigenen Geschichte, so, wie jeder Mensch seine eigene Geschichte hat.
Aber Sinne? Sehen, Hören, Riechen, Schmecken und Fühlen?
Das geht jetzt doch zu weit.

Gib mir an dieser Stelle bitte einen Vertrauensvorschuss, bevor du mich als Spinner abhakst.
Lies einfach weiter und du wirst sehen, dass dir auch die folgenden Hintergrundinformationen der Sprache, die ich dir jetzt anvertraue, beim Sprechen und beim Verstehen weiterhelfen und dass sie bewirken, dass du in Zukunft viel weniger büffeln musst und trotzdem um Stufen besser in deinem Französisch wirst.

Sollte das nicht zutreffen, kannst du mich später immer noch auslachen oder beschimpfen.
Hör jetzt einfach mal ganz neutral und offen zu.
Gehen wir also einmal davon aus, dass auch die Sprache diese fünf Sinne hat.
Dann braucht sie dafür auch die Organe: Augen, Ohren, Nase, Mund und Körper.
Denn ohne Empfänger bringt uns der beste Sender nichts.

Fangen wir mit dem letztgenannten Sinnesorgan an, dem Körper: Dazu gehören die Hände, die Füße und der Körper selber.
Lass uns erst einmal unseren eigenen Körper von oben nach unten ansehen: Woraus bestehen wir, beziehungsweise woraus besteht unser Körper?

2.1 Vokabeln des menschlichen Körpers

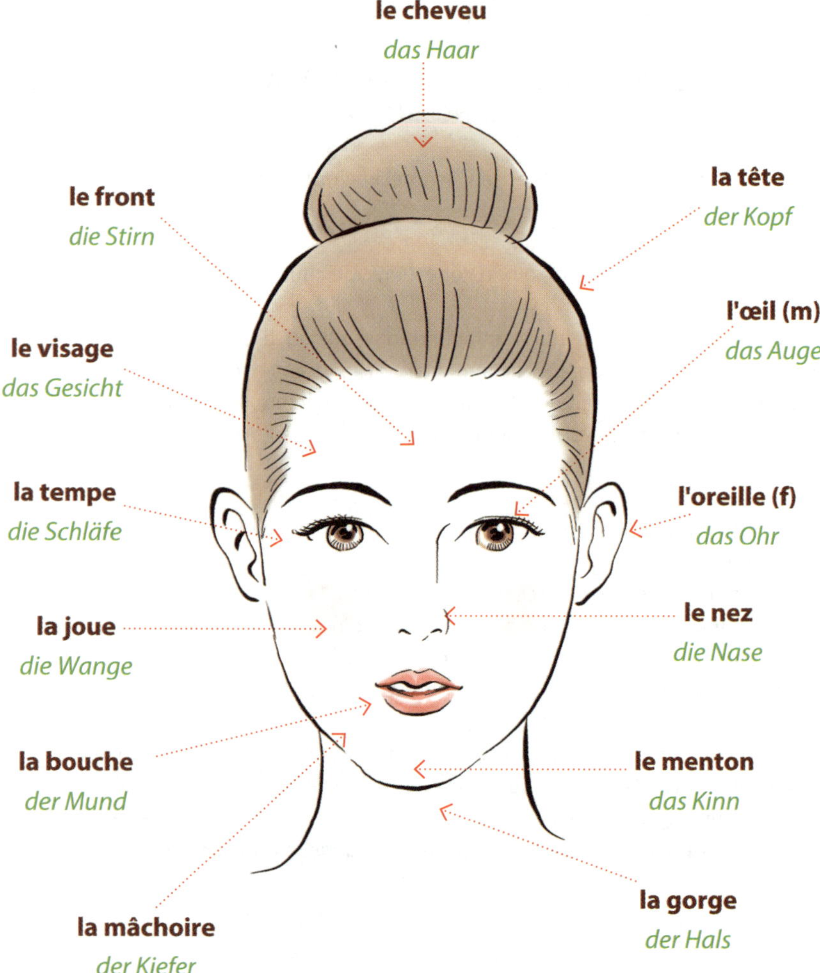

la clavicule
das Schlüsselbein
la main
die Hand
le bras
der Arm
la poitrine
die Brust
le coude
der Ellenbogen
les seins (mpl)
der Busen
la cuisse
der Schenkel
le genou
das Knie
le tibia
das Schienbein
le pied
der Fuß

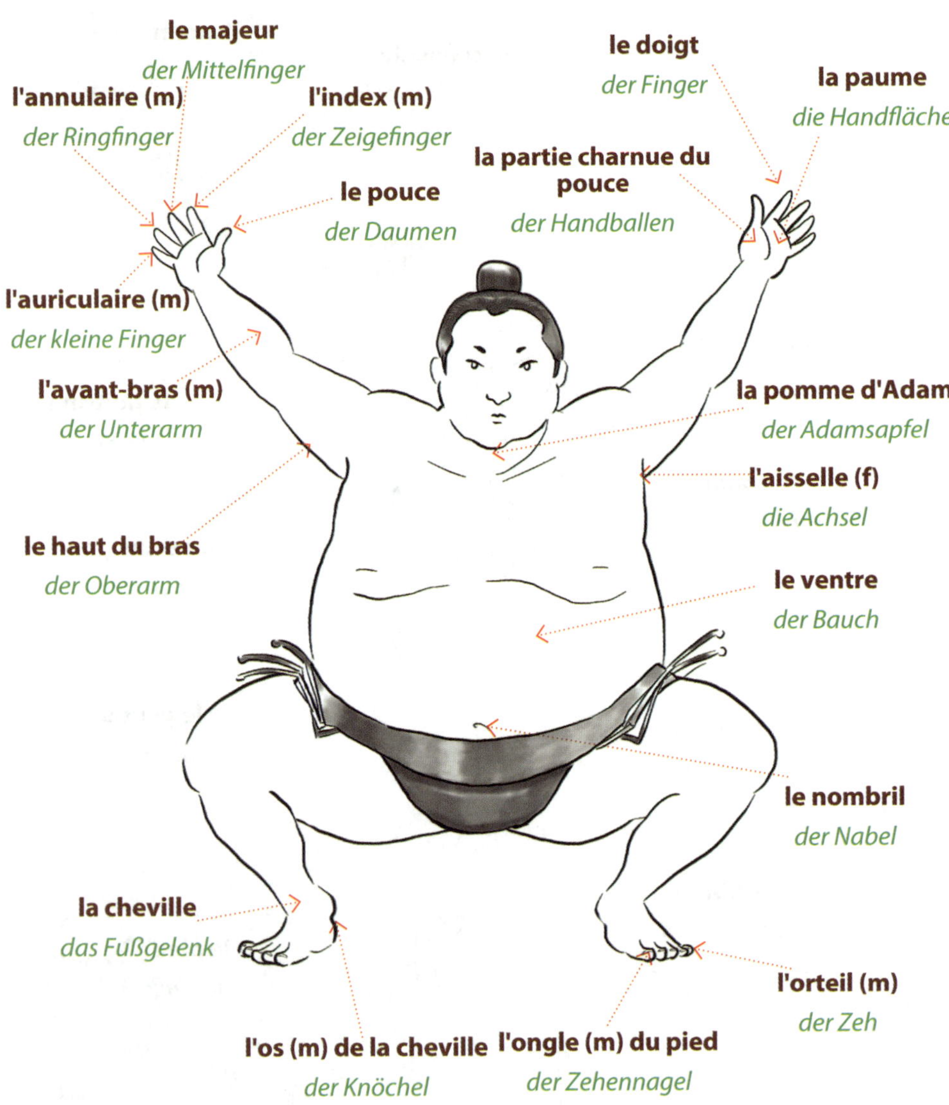
le majeur
der Mittelfinger
l'annulaire (m)
der Ringfinger
l'index (m)
der Zeigefinger
le pouce
der Daumen
l'auriculaire (m)
der kleine Finger
l'avant-bras (m)
der Unterarm
le haut du bras
der Oberarm
le doigt
der Finger
la paume
die Handfläche
la partie charnue du pouce
der Handballen
la pomme d'Adam
der Adamsapfel
l'aisselle (f)
die Achsel
le ventre
der Bauch
le nombril
der Nabel
la cheville
das Fußgelenk
l'os (m) de la cheville
der Knöchel
l'ongle (m) du pied
der Zehennagel
l'orteil (m)
der Zeh

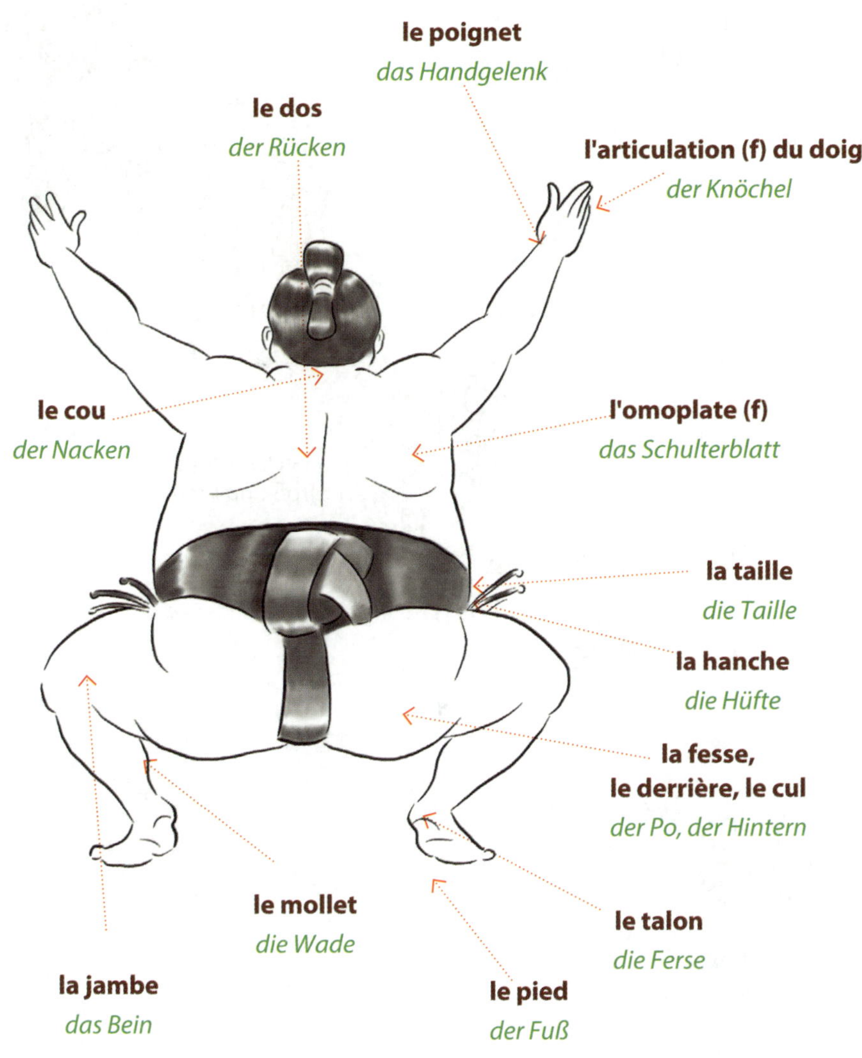
le poignet
das Handgelenk
le dos
der Rücken
l'articulation (f) du doigt
der Knöchel
le cou
der Nacken
l'omoplate (f)
das Schulterblatt
la taille
die Taille
la hanche
die Hüfte
la fesse,
le derrière, le cul
der Po, der Hintern
le mollet
die Wade
le talon
die Ferse
la jambe
das Bein
le pied
der Fuß

Il/Elle est...
Er/Sie ist...

énorme
riesig

grand, e et fort, e
groß und kräftig

de taille moyenne
mittelgroß

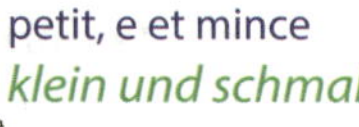

petit, e et mince
klein und schmal

très petit, e
sehr klein

Alle Begrife auf der linken Seite sind ähnliche Begriffe wie **dünn**.

Alle Begriffe auf der rechten Seite sind ähnliche Begriffe wie **dick**.

maigre
mince
svelte
frêle
fin, e

fluet, te
chétif, -ive
efflanqué, e
maigrelet, te
maigrichon, ne

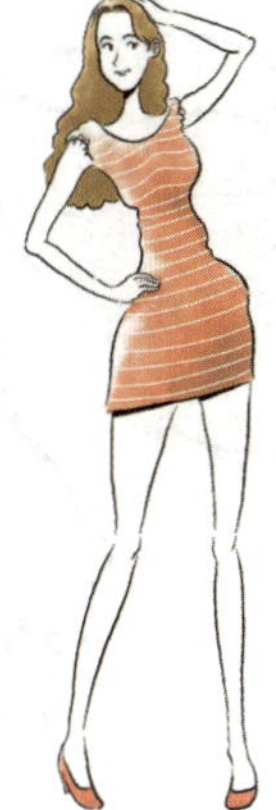

gras, se
obèse
grassouillet, te
dodu, e
rond, e

épais, se
potelé, e
charnu, e
plantureux, -euse
empâté, e

2.2 Vokabeln der körperlichen Aktivitäten

Jetzt, wo wir am Körper ganz unten, an den Zehennägeln angekommen sind, schauen wir uns auch noch einige Tätigkeiten an, die wir den lieben langen Tag mit unserem Körper machen:

se laver le visage
sich das Gesicht waschen
prendre une douche
duschen
se brosser les dents
sich die Zähne putzen
s'habiller
sich anziehen

mâcher
kauen
manger
essen
boire
trinken
aspirer
saugen
roter
rülpsen
avoir le hoquet
Schluckauf haben
marcher sur la pointe des pieds
auf Zehenspitzen laufen
être debout
stehen
être assis, e
sitzen

sauter
springen

courir
rennen

marcher
laufen, gehen

grimper
klettern

se coucher, être couché
sich hinlegen, liegen

ramper
krabbeln

se pencher en arrière
sich zurücklehnen

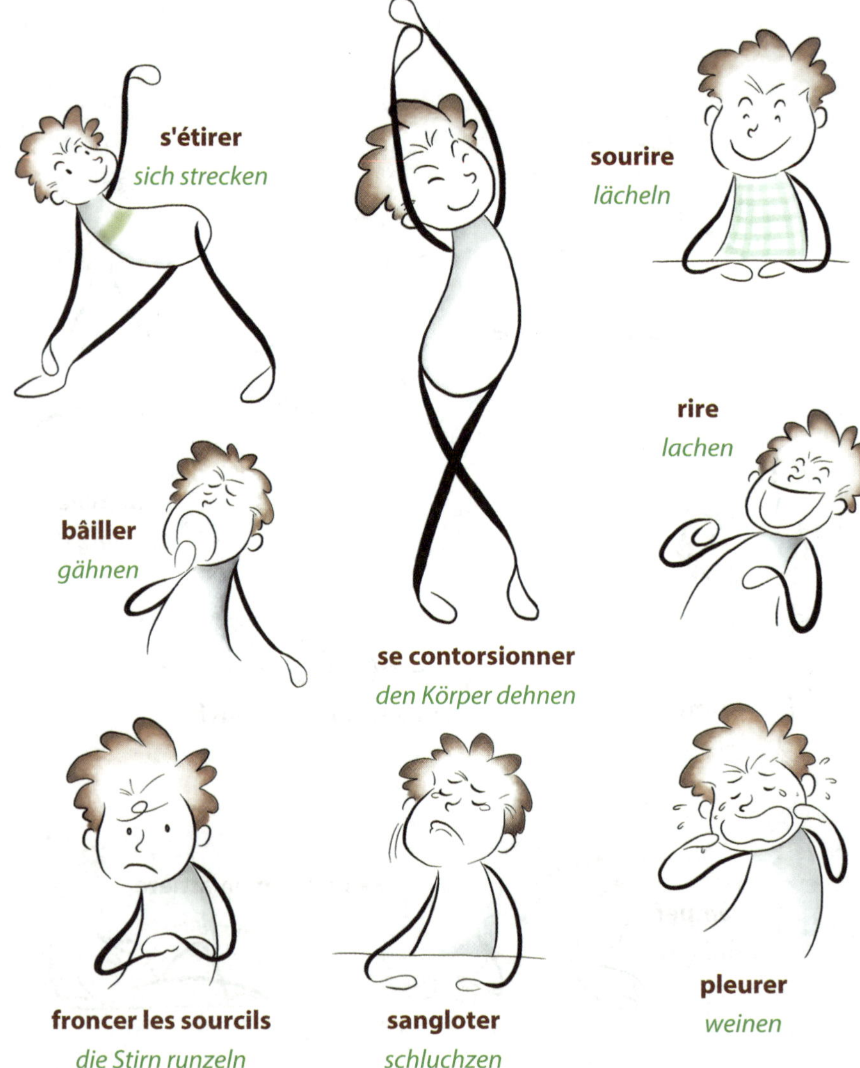
s'étirer
sich strecken
sourire
lächeln
rire
lachen
bâiller
gähnen
se contorsionner
den Körper dehnen
froncer les sourcils
die Stirn runzeln
sangloter
schluchzen
pleurer
weinen

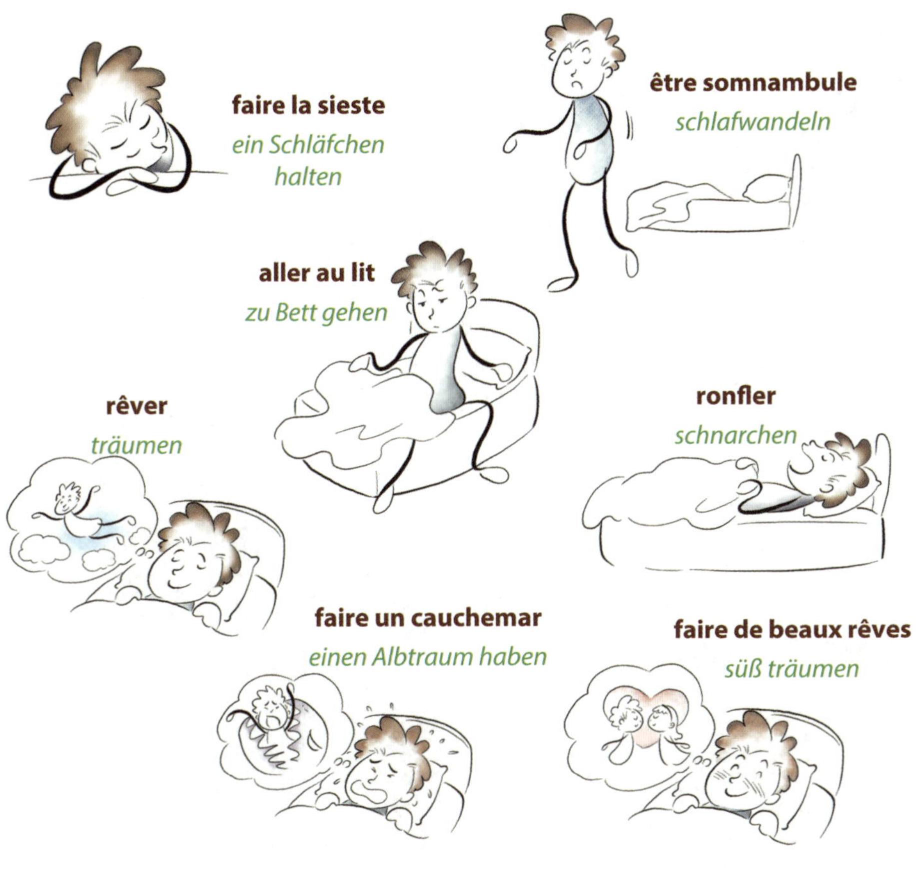

Das ist eine kleine Auswahl der Dinge, womit wir Menschen uns den Tag über die Zeit vertreiben.

Aber wir wollen jetzt ja gar nicht zu viel über uns Menschen selber sprechen, sondern über die französische Sprache. Und zwar wollte ich dir erklären, woran du die Sinne der französischen Sprache erkennen und in deinem Sinne nutzen kannst.

man
manu
3.1
Ped
Patte
3.2
port
3.3
TRACT
TRAIRE
3.4
Ject
Jet
3.5
mov
mob
mot
3.6
Tact
Tag
Tach
3.7
Vid, vis
spec spect
spic
3.8
audi
PHON
voc, voqu
3.9
spir
3.10
dic
dire
3.11
Cord
Cour
3.12
path
pass
3.13
Soph
ment, mém
3.14
Créd
Croy
3.15

3. Die Vokabelherzen

Jetzt wird es herzlich!

Wir wenden uns den Vokabelherzen zu, die den eigentlichen Kern des Wortes in sich tragen. Die Vokabelherzen haben meist eine sehr, sehr alte Herkunft. Oft stammen sie aus dem Lateinischen oder dem Griechischen.

Die Vokabelgesichter und die -hintern lehnen sich vertrauensvoll vorne und hinten an das Herz und unterstützen es, Klarheit, Feinheit und Eindeutigkeit in die Sprache zu bringen. Die Gesichter und die Hintern lassen einige, wenige Herzen zu unzähligen Möglichkeiten anwachsen. Aber das, worum es sich eigentlich dreht, sind die Herzen.

Kennen wir dieses System des Zusammenspiels der Gesichter, Herzen und Hintern, rattern die sich selbst erklärenden Informationen nur so in unseren Gehirnen und machen das steife Büffeln total überflüssig.

Es folgt ein weiteres Geheimnis, mit dem wir im Umgang mit der Sprache täglich umgehen, ohne es zu wissen:
Die Vokabelherzen haben Hände, Füße, Augen, Ohren, Mund und Nase.
Ja, genau, sie haben Sinne wie die Menschen!
Und diese Sinne machen es uns noch einmal leichter mit der Sprache. Wir wissen beim ersten Hinblicken sofort, worum es geht, weil wir sie wieder einmal ganz einfach an ihrem Aussehen erkennen. Schau es dir an:

3.1 Die „Anpack-Herzen“:

Weil wir zuerst mit dem Fühlsinn der Sprache in Kontakt gehen, schauen wir uns an, womit die Wörter etwas berühren.

Na, womit berührt man etwas?
Natürlich mit den Händen!

Und wie erkennt man die „Hände der Sprache“?
Bei dem, womit wir uns bisher in dem Buch beschäftigt haben, konnten wir fast alles vom Aussehen der Wörter ableiten und erkennen. So ist es jetzt auch, wenn wir von den Wortsinnen sprechen.

Jawohl, du kannst die fünf Sinne der Sprache an ihrem Aussehen, an ihrem Erscheinungsbild erkennen. Zum Beispiel an den Wortherzen **man** oder **manu**.
So einfach?
Ja, es ist so einfach! Und dazu noch hilfreich für dich!

Und wieder mal steigen wir in die belebte Welt der Beispiele ein und schauen uns dort an, wie die „Worthände“ eingesetzt werden:

MANUEL, LE, MANUSCRIT, MANUFACTURE, MANUCURE:

Manuel meint, dass etwas von Hand gemacht wird.
Le manuscrit ist der handgeschriebene Originaltext eines Autors.
La manufacture meint eine Produktion oder Herstellung von Hand vor der Zeit der Mechanisierung.
La manucure ist eine Kosmetikbehandlung der Hände und der Finger.

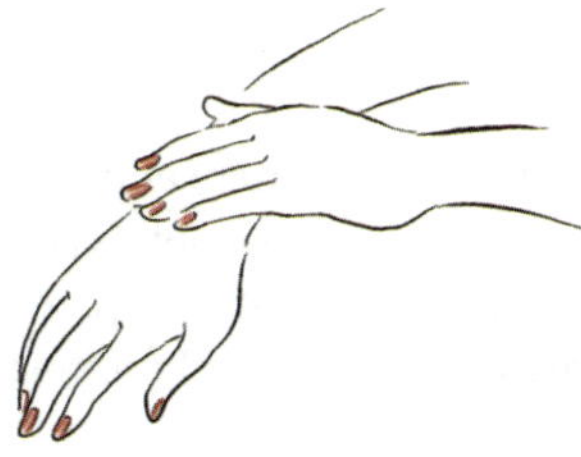

Herstellung von Hand

la manufacture
la fabrication
la confection
le montage
l'élaboration (f)

ÉMANCIPATION:

L'émancipation ist ein Unabhängigwerden von den anderen.

Unabhängigwerden

l'émancipation (f)
l'indépendance (f)
la libération
l'affranchissement (m)
la manumission

3.2 Die „Trampelherzen“:

Eben hast du einige Wörter kennengelernt, die uns die Hände der Sprache zeigen. Jetzt schauen wir uns das Gleiche bei den Füßen an.
Die Erkennungsmerkmale der Sprachfüße lauten: **ped** und **patte.**

PÉDALE:
La pédale ist ein fußbedientes Gerät, wie die Bremse zum Beispiel.

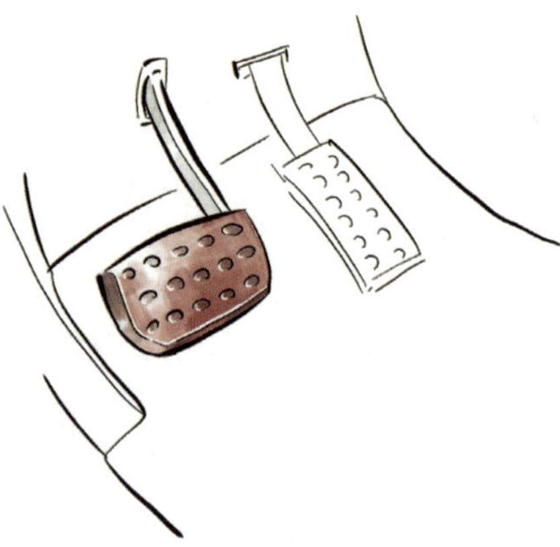

PÉDICURE:
Bei der **pédicure** handelt es sich um eine Kosmetikbehandlung der Füße und Zehennägel.

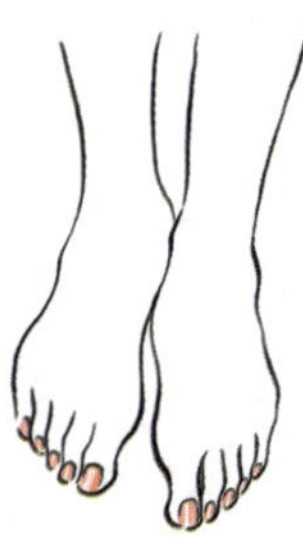

MILLE-PATTES:
Le mille-pattes ist der Tausendfüßler („mille" in der französischen Sprache heißt 1000).

RANDONNÉE PÉDESTRE:
La randonnée pédestre meint die Wanderung auf Schusters Rappen, also zu Fuß.

Fußwanderung

la randonnée pédestre
la marche à pied
la promenade à pied
la balade à pied
l'excursion à pied (f)

Gedächtnis-Landkarte

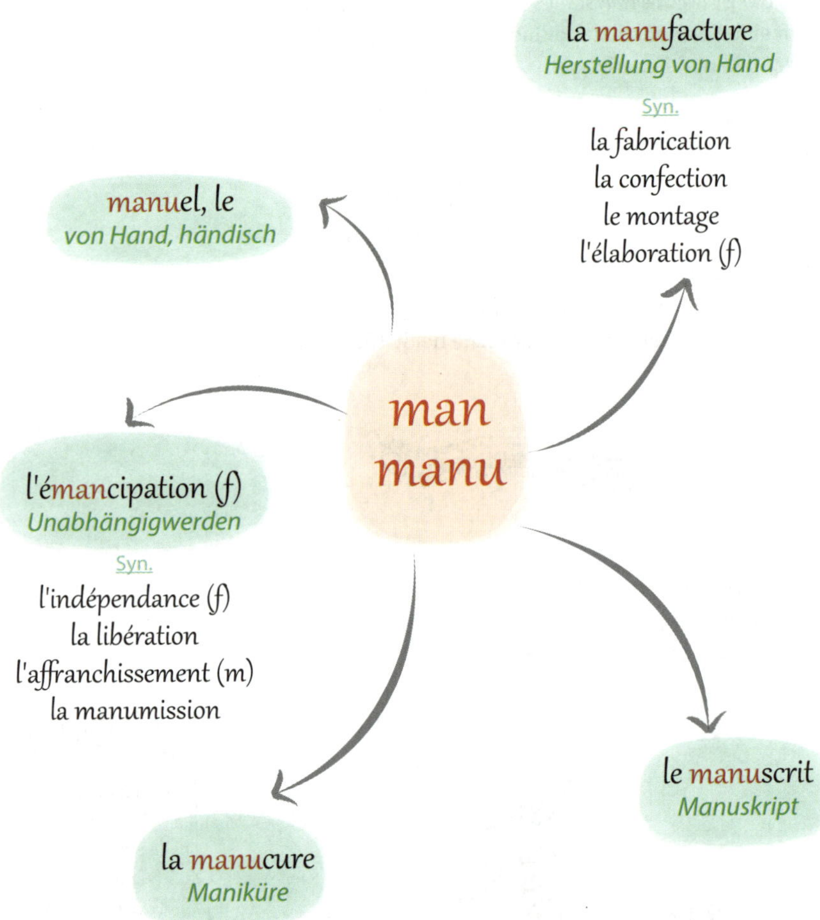

Gedächtnis-Landkarte

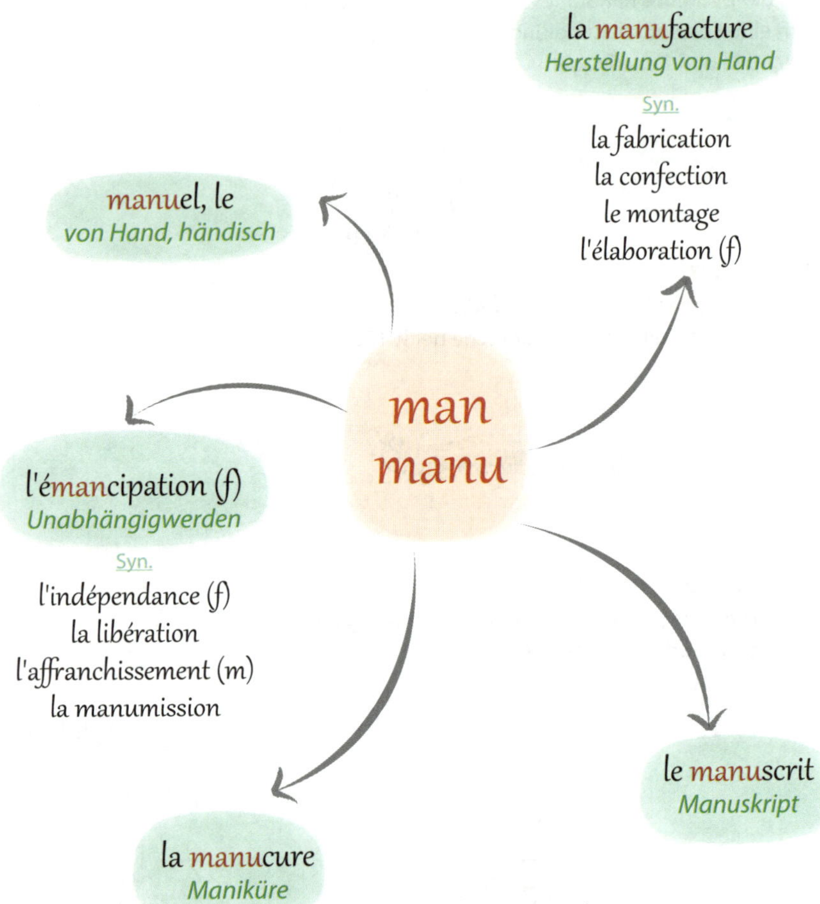

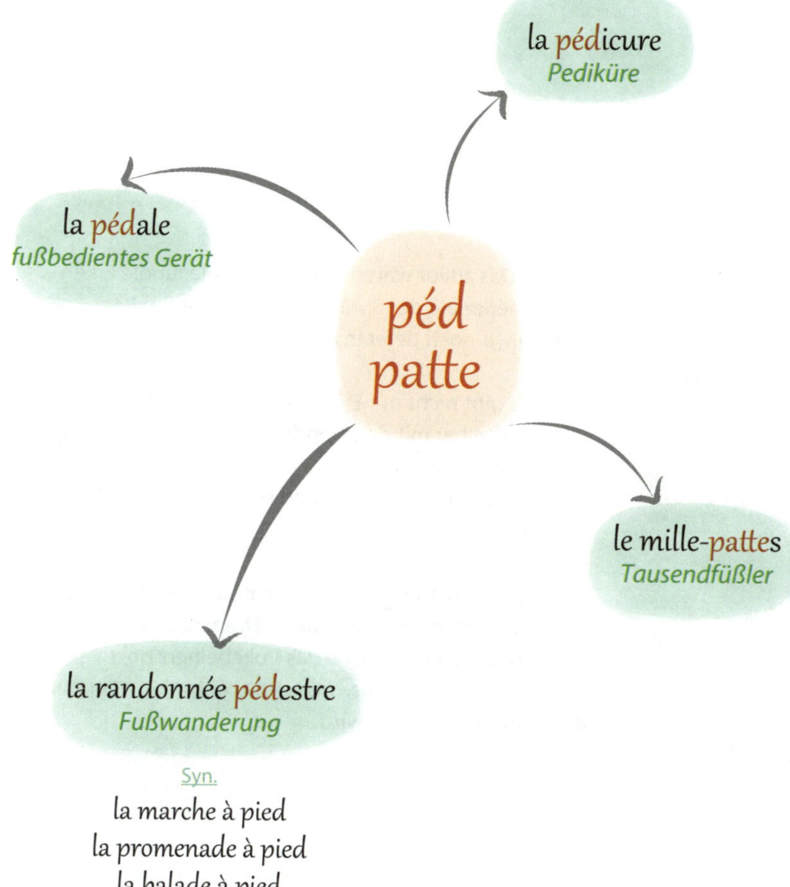

Syn.

la marche à pied
la promenade à pied
la balade à pied
l'excursion (f) à pied

3.3 Das „Träger-Herz“:

Das zuvor waren einige Beispiele für die Erkennungsmerkmale der Sprachhände und -füße. Jetzt steigen wir noch tiefer in das Thema ein.

Denn es gibt nicht nur Erkennungswörter für Wörter, die unmittelbar mit den Händen und mit den Füßen zu tun haben, sondern auch noch Erkennungswörter für die Tätigkeiten, die wir mit den Händen und den Füßen ausführen.

Port kommt ursprünglich aus dem Lateinischen und meint: tragen, mit den Händen halten. Sobald wir in der französischen Sprache das Vokabelherz **port** verwenden, drückt das aus, dass etwas getragen oder mit den Händen gehalten wird.

PORTABLE:

Zum Beispiel sagt man **portable** im Französischen, wenn etwas tragbar ist. Damit sind beide Bedeutungen gemeint: Etwas ist zum Tragen mit den Händen nicht zu schwer, aber ebenso, dass etwas nicht fixiert ist. Das heißt, man kann es forttragen. Und weil ein Handy und ein Laptop tragbar sind, nennt man sie oft auch einfach **portable**.

tragbar

portable
transportable
portatif, -ive
amovible
mobile

PORTEUR, -EUSE:

Porteur ist ein weiteres Beispiel, welches das Tragen mit den Händen in der französischen Sprache ausdrückt. Ein **porteur** ist ein Berufsträger. Also ein Mensch, der an Bahnsteigen, in Hotels oder am Flughafen Gepäck trägt. Das **port** macht deutlich, dass es mit dem Tragen zu tun hat, und das **-eur** am Ende drückt aus, dass es sich dabei um eine Person handelt.

Träger/in

le/la porteur, -euse
le/la bagagiste
le débardeur
le coolie
le/la commissionnaire

IMPORTER – EXPORTER:

Unser nächstes Beispiel lautet: **importer**. Damit ist gemeint, dass Güter oder Leistungen von einem fremden Land ins eigene Land gebracht werden.

Das **im**-Gesicht sagt uns, dass etwas von draußen nach drinnen geht, und mit dem **port**-Herz wird ausgedrückt, dass es dabei getragen oder befördert wird.

Das Gegenteil vom **importer** ist **exporter**. Klar, der Unterschied zu **importer** wird durch das **ex**-Gesicht ausgedrückt. Das sagt uns, dass etwas nach draußen geht.

einführen

importer
acheter de l'étranger
introduire de l'étranger
apporter de l'étranger
commercer

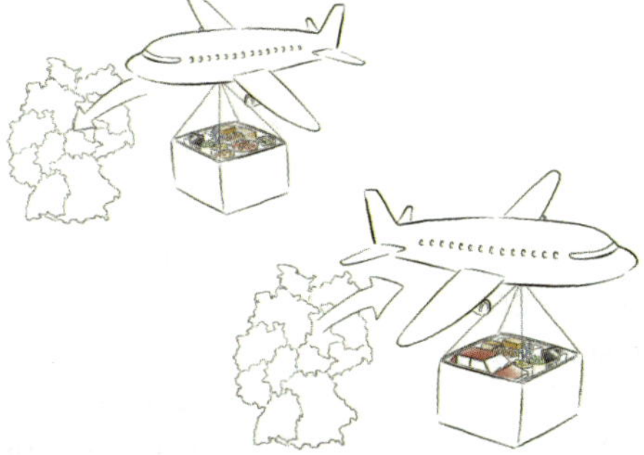

ausführen

exporter
vendre à l'étranger
commercialiser
revendre
vendre à l'extérieur du pays

TRANSPORTER:

Transporter ist ein geläufiges Wort in der französischen Sprache. **Trans-** bedeutet, dass etwas von einem zum anderen Ort gebracht wird.

(**Trans-** ist ein Vokabelgesicht, das ich dir bisher noch nicht vorgestellt habe.) **Port** meint, dass dies durch Tragen geschieht.

überführen

transporter
transférer
livrer
amener
expédier

Gedächtnis-Landkarte

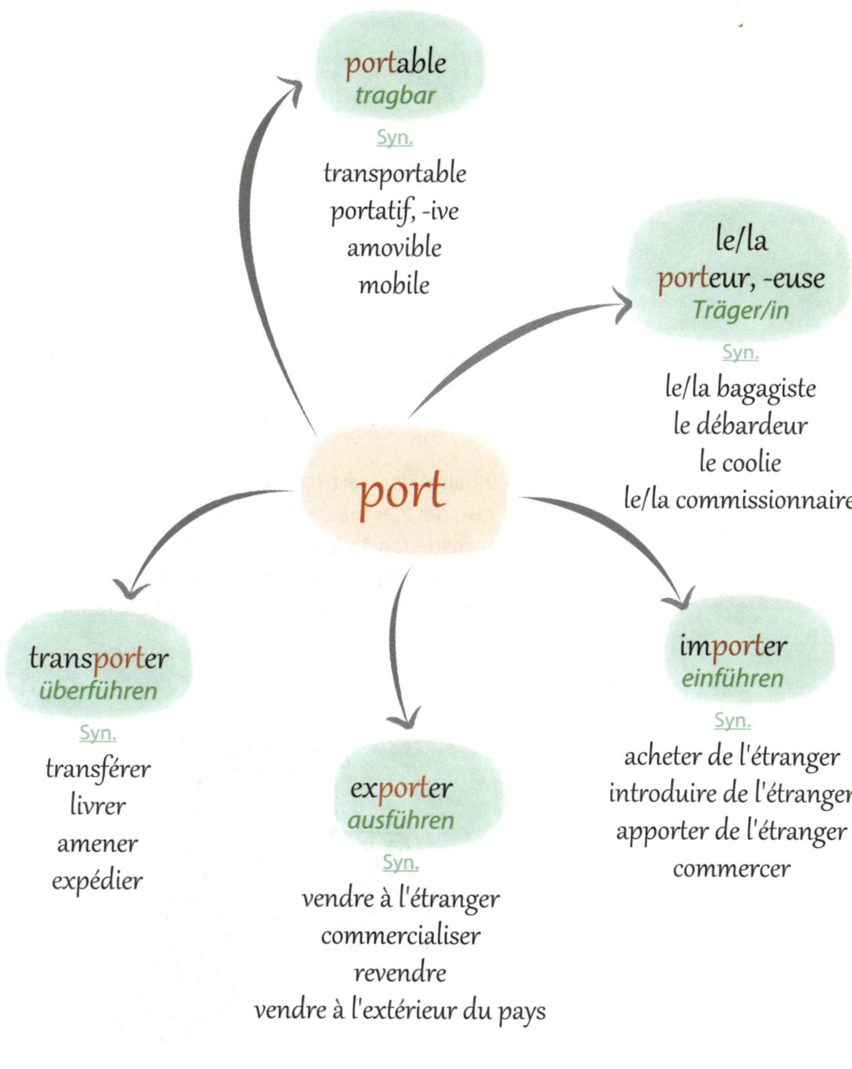

3.4 Die „Zieh-Herzen“:

TRACTEUR:

Tracteur ist ein klasse Wort, nicht nur, weil es jeden kleinen Jungen begeistert, sondern weil es leicht und schnell zu verstehen ist. Gemeint ist damit ein Landwirtschaftsfahrzeug zum Arbeiten auf dem Feld.

Es beinhaltet das Herz **tract** (ziehen) und den Hintern **-eur**, der klar macht, dass es sich dabei um einen Gebrauchsgegenstand handelt. Die Hintern und ihre Bedeutungen werden wir uns später noch genauer ansehen. Du kannst dich jetzt schon einmal darauf freuen.

EXTRAIRE:

Extraire heißt: herausziehen, herausnehmen. Dabei besitzt das Wort ein **ex**-Gesicht, was „hinaus, heraus" bedeutet, und zusätzlich noch das **traire**-Herz. Draculas Zahn fliegt also so sicher raus wie „das Amen in der Kirche"!

ausziehen

extraire
retirer
arracher
enlever
prélever

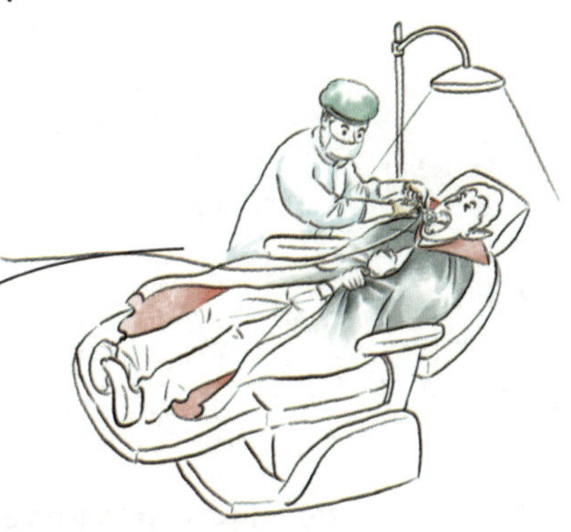

DISTRACTION:

distraction bedeutet, dass man die Aufmerksamkeit von jemandem oder von etwas auf etwas anderes zieht. **Distract** besitzt das **dis**-Gesicht, was „weg von" bedeutet, und das **tract**-Herz.

Ablenkung

la distraction
le divertissement
l'amusement (m)
le passe-temps
le loisir

„Vous avez besoin de distraction."

(„Sie brauchen dringend Ablenkung.")

hinreißend

attractif, -ive
attirant, e
séduisant, e
charmant, e
captivant, e

ATTRACTIF, -IVE:

Attractif ist das Adjektiv zum Verb **attirer** (ziehen) und meint, dass etwas oder jemand angenehm oder reizvoll für unsere Sinne ist. Du kannst damit ausdrücken, dass du jemanden oder etwas magst oder schön findest.

Für die Vokabelherzen **tract** und **traire** siehst du rechts vier Beispiele. Aber deine Möglichkeiten in der französischen Sprache sind nahezu unbegrenzt. Wir pflücken uns eins der Wörter rechts heraus, das Wort **attractif**, und schauen uns dessen Gegenteilwort an: **laid** (hässlich). Auch bei **laid** findet man locker vier Synonyme, also vier Wörter gleicher oder ähnlicher Bedeutung:
moche, **déplaisant**, **horrible**, **répugnant**.

Aber das reicht uns immer noch nicht!
Wir fressen uns in die Tiefen der französischen Sprache hinein wie eine hungrige Raupe in ein Blatt.

Nachdem wir vier Synonyme für **laid**, also das Gegenteilwort von **attractif**, gefunden haben, finden wir auf der nächsten Doppelseite vier weitere Synonyme für **attractif** und suchen für diese Synonyme nochmals fünf weitere Synonyme.

Jetzt geht aber wirklich die Post ab!

Gedächtnis-Landkarte

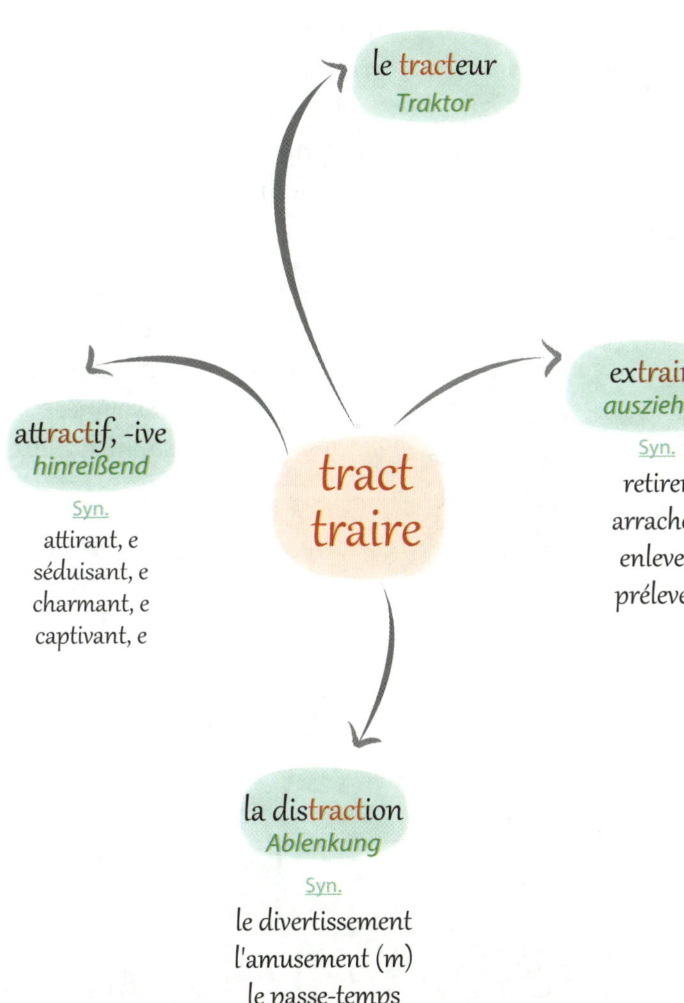

attractif, -ive
attirant, e
séduisant, e
charmant, e
captivant, e

élégant, e
gracieux, -euse
exquis, e
magnifique
superbe

joli, e
beau, belle
mignon, ne
plaisant, e
attrayant, e

chic
distingué, e
pimpant, e
soigné, e
sophistiqué, e

liebenswürdig

wunderschön

flambant, e
fringant, e
allègre
entretenu, e
précieux, -euse

étincelant, e
envoûtant, e
engageant, e
enivrant, e
émoustillant, e

coquet, te
désirable
affriolant, e
aguichant, e
troublant, e

raffiné, e
radieux, -euse
rayonnant, e
resplendissant, e
éclatante de beauté

reizend

hübsch

entzückend

3.5 Die „Werf-Herzen“:

ÉJECTER:

Éjecter bedeutet, etwas heraus- oder auszuwerfen. Am CD- oder DVD-Player kannst du zum Beispiel die CD bzw. DVD auswerfen.
Dieses Verb setzt sich zusammen aus dem zu **é-** verkürzten Vokabelgesicht **ex-** und dem Vokabelherz **ject**. **Ject** stammt aus dem Lateinischen und hat die Bedeutung von „werfen“.

auswerfen

éjecter
déloger
sortir
émettre
expulser

PROJET – PROJETER:
Ein anderes ganz geläufiges Wort aus dieser Gruppe lautet: **le projet**.

Wir werfen also etwas nach vorne. In diesem Fall ist es die Idee, der Plan, was wir machen wollen.

Das dazugehörige Verb lautet **projeter** (planen, projizieren).

Bei der Gesangsstunde kann es vorkommen, dass deine Lehrerin dich bittet: **„Projetez votre voix, s'il vous plaît!"**
Damit meint sie, dass du mit deiner Stimme aus dir herauskommen, dass du eindeutiger, lauter und klarer mit deinem Ton werden sollst.

Projekt, Unternehmung, Plan

le projet
le plan
l'ébauche (f)
le dessein
le programme

planen, projizieren

projeter
propulser
lancer
jeter
transférer

REJETER:

Rejeter sagt man, wenn man jemandem gegenüber etwas ablehnt oder ihm eine Absage erteilt.
(**re-** = zurück, **ject** = werfen)

ablehnen

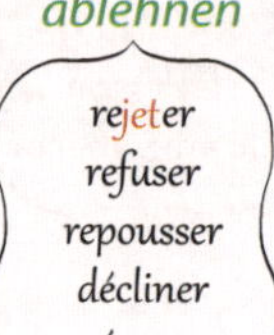

INJECTER:

Und **injecter** meint: in etwas hineinspritzen, etwas einführen. Der Arzt oder die Krankenschwester spritzt zum Beispiel ein Medikament in den Körper.

hineinspritzen, einführen

injecter
piquer
administrer
infuser
inoculer

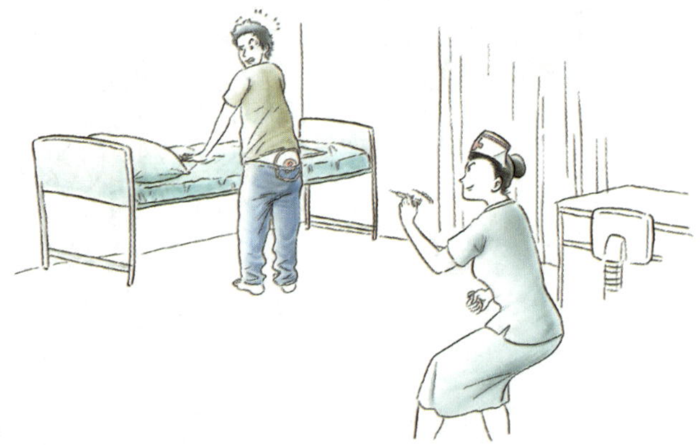

Gedächtnis-Landkarte

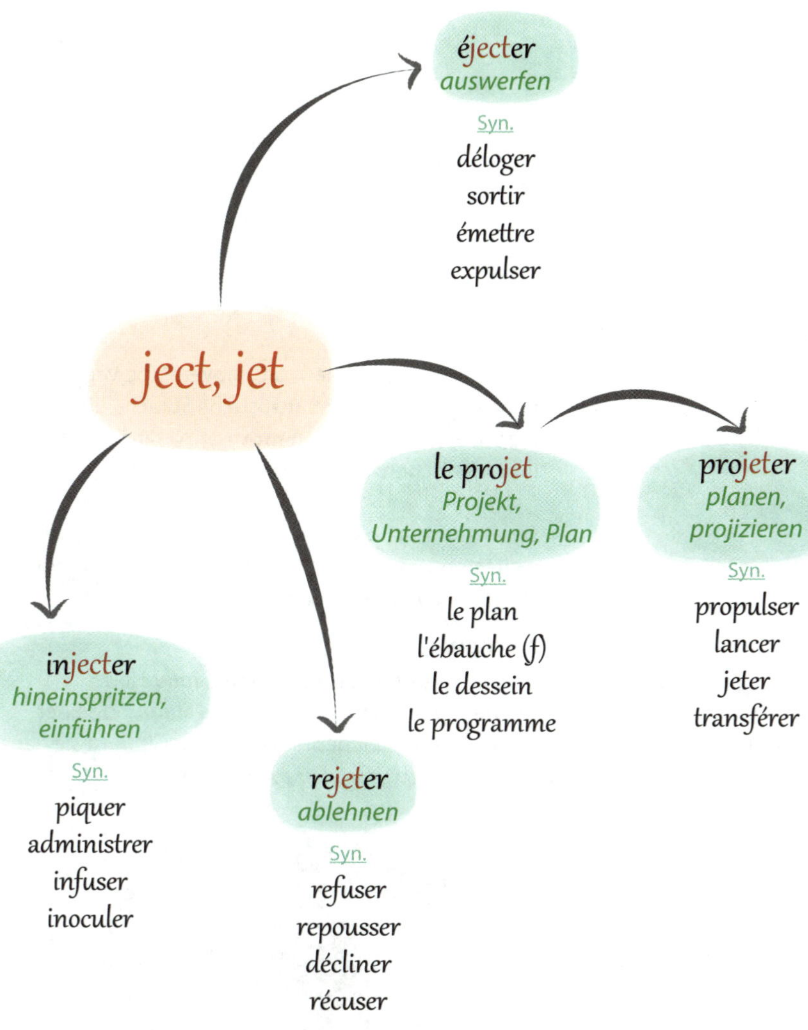

3.6 Die „Bewegungsherzen“:

Das lateinische Wort „movere“ (bewegen) wurde ohne das „-ere“ in die französische Sprache übernommen. Die Bedeutung von **mov** ist im Französischen wie im Lateinischen: sich bewegen, etwas bewegen.

Das heißt, etliche Wörter im Französischen, die im weitesten Sinne mit Bewegung zu tun haben, tragen die Herzen **mov**, **mob** oder **mot**.

AMOVIBLE:
Beginnen wir mit dem bekannten **mov**-Herz.
Der nette Punk kann seine Kapuze aufgrund seiner flotten Frisur nicht gebrauchen. Zum Glück ist sie ganz flexibel abtrennbar, also „beweglich“.

abnehmbar

amovible
déplaçable
détachable
séparable
extractible

MOBILE:

Ein Windspiel wird im Französischen **mobile** genannt. Im Deutschen kennen wir auch das Mobile.

Hergeleitet werden die Wörter sowohl im Französischen als auch im Deutschen von der Bewegung durch den Wind im Mobile.

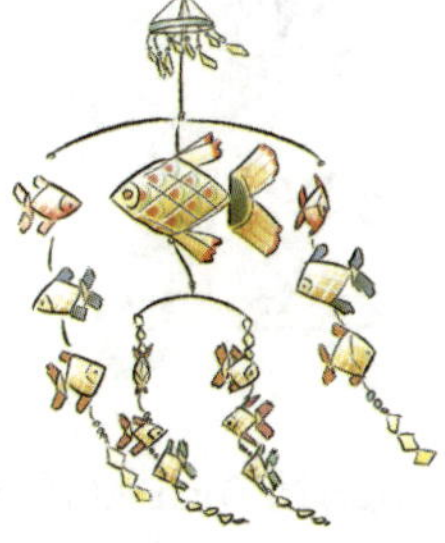

mobil

mobile
amovible
en mouvement
ambulant, e
flottant, e

IMMOBILE:

Das Gegenteilwort von **mobile** lautet **immobile** (unbeweglich, bewegungslos, reglos). Das bringt uns zu unserem nächsten Beispiel:

bewegunglos

immobile
figé, e
fixe
pétrifié, e
inerte

Das französische Wort **moteur** bezieht sich auf die Aktion der Bewegung oder die des Bewegtwerdens.

Mot ist das Vokabelherz, das ausdrückt, dass sich etwas bewegt. Durch das angehängte -**eur** wird aus dem **mot** ein Nomen.

VÉLOMOTEUR:

Mit dem **vélomoteur** sind wir bei einem beliebten Thema aller Italiener, ihrer flotten Vespa. **Velo** ist der französische Begriff für „Fahrrad", und das **mot** bringt die schnelle Motorbewegung mit ins Spiel.

Moped

le vélomoteur
le cyclomoteur
la pétrolette
la motocyclette
le scooter

ÉMOTION:

Das Wort **émotion** ist auch sehr spannend, wenn man seine Wurzeln sucht. Abgeleitet wird es vom Lateinischen: ex + movere.

Das **ex-**Gesicht bedeutet, wie du weißt: raus, hinaus. Und natürlich bezieht sich „movere" auf die Bewegung. Bei der Übernahme in die französische Sprache wurde das **x** zum Abrunden gestrichen.

L'émotion ist Ausdruck einer Gefühlsbewegtheit, wie Ärger, Glück, Trauer, Aufgeregtheit.

Gefühl

l'émotion (f)
la sensation
le sentiment
la réaction
l'émoi (m)

Gedächtnis-Landkarte

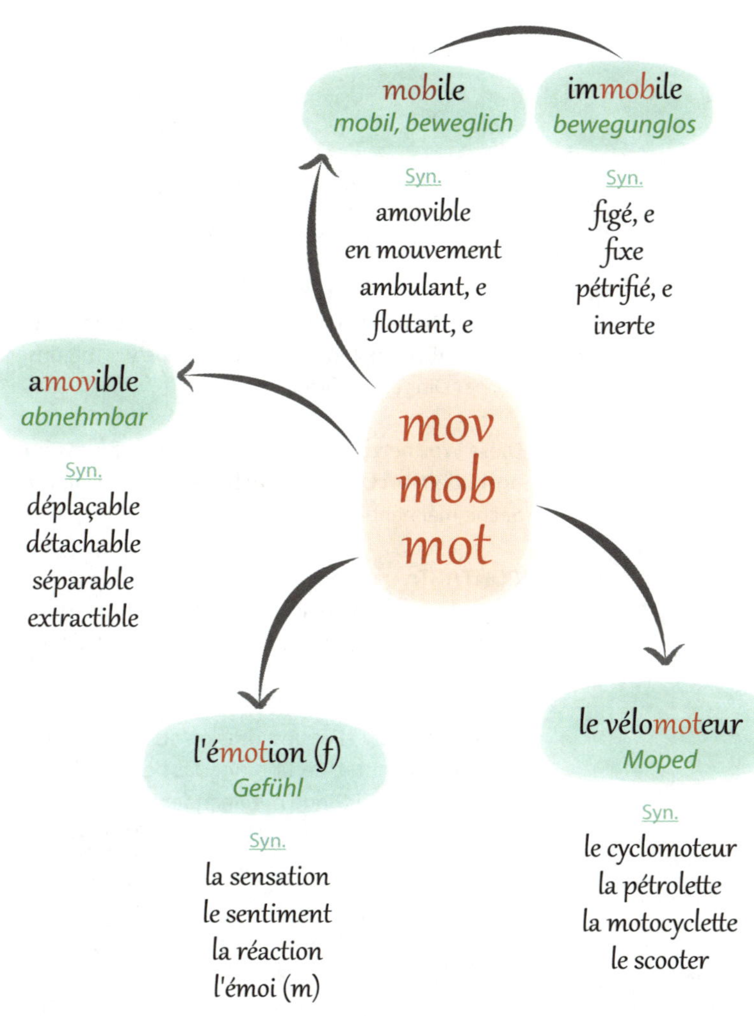

3.7 Die „Berührungsherzen“:

Die nächsten Wortherzen, mit denen wir uns beschäftigen, haben damit zu tun, wie wir mit unserem Körper Dinge berühren.

Diese Wortherzen erkennt man an ihren Erscheinungsbildern **tact**, **tag** und **tach**. Na, schauen wir uns die Sache mal näher an.

CONTACT:
Unser erstes Vokabelherz lautet **contact** und das demonstriert perfekt die Bedeutung der Berührungsherzen.

Das **con-**Gesicht sagt uns, dass etwas zusammenkommt. Und **tact** bedeutet: Berührung. Das heißt, es kommen mindestens zwei Dinge miteinander in Berührung.

Berührung

le contact
le lien
la liaison
la connexion
la communication

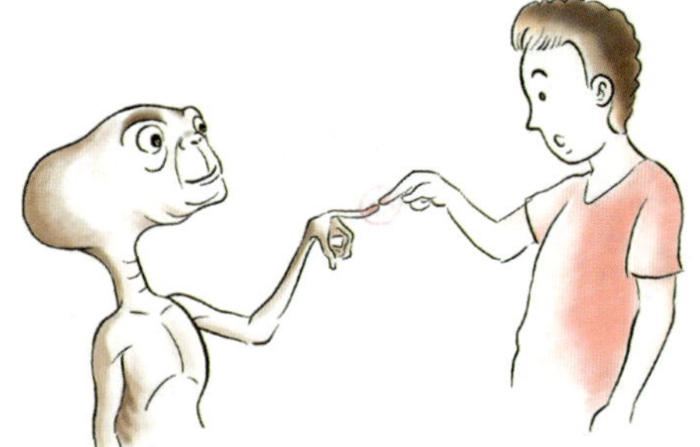

INTACT, E:

Intact, mein nächstes Beispiel für dich, entspringt auch dem **tact**-Herz.
Das Wort bedeutet, dass der betreffende Gegenstand unbeschädigt und vollkommen unberührt ist, selbst wenn alles andere darum in Schutt und Asche liegt.

unbeschädigt

intact, e
indemne
entier, -ière
inentamé, e
sauf, sauve

Und jetzt noch ein paar andere Wortherzen, die mit Berührung zu tun haben.

ATTACHER:

Das erste Wort aus dieser Reihe heißt **attacher**. Damit ist gemeint, dass man etwas an einem anderen Gegenstand befestigt. Das Befestigen geht nicht ohne Berührung.

befestigen

attacher
relier
raccorder
joindre
fixer

DÉTACHER – DÉTACHEMENT:

Détacher, unser nächstes Wortbeispiel, bedeutet: lösen, entfernen.
Klar, oder? Das **dé-**Gesicht macht sichtbar, dass etwas weggeht und **tach** ist die Berührung, der Kontakt. Also wird die Verknüpfung durch **dé** + **tach** aufgehoben. **Détachement** (Ablösung) ist das Nomen dazu.

entfernen

détacher
séparer
dissocier
disjoindre
dételer

CONTAGIEUX, -EUSE:

Mein nächstes Beispielwort, **contagieux**, kommt auch aus dieser Reihe. Es drückt die Ansteckungsfähigkeit oder Verbreitung einer Krankheit aus. Die Verbindung zur Berührung kommt in diesem Fall daher, weil man sich berühren, in Kontakt kommen muss, um sich mit der Krankheit anzustecken. Aber **contagieux** kann auch eine positive Bedeutung haben, zum Beispiel: **Rire est contagieux.** (Lachen ist ansteckend.)

ansteckend

contagieux, -euse
infectieux, -euse
transmissible
communicatif, -ive
transférable

Gedächtnis-Landkarte

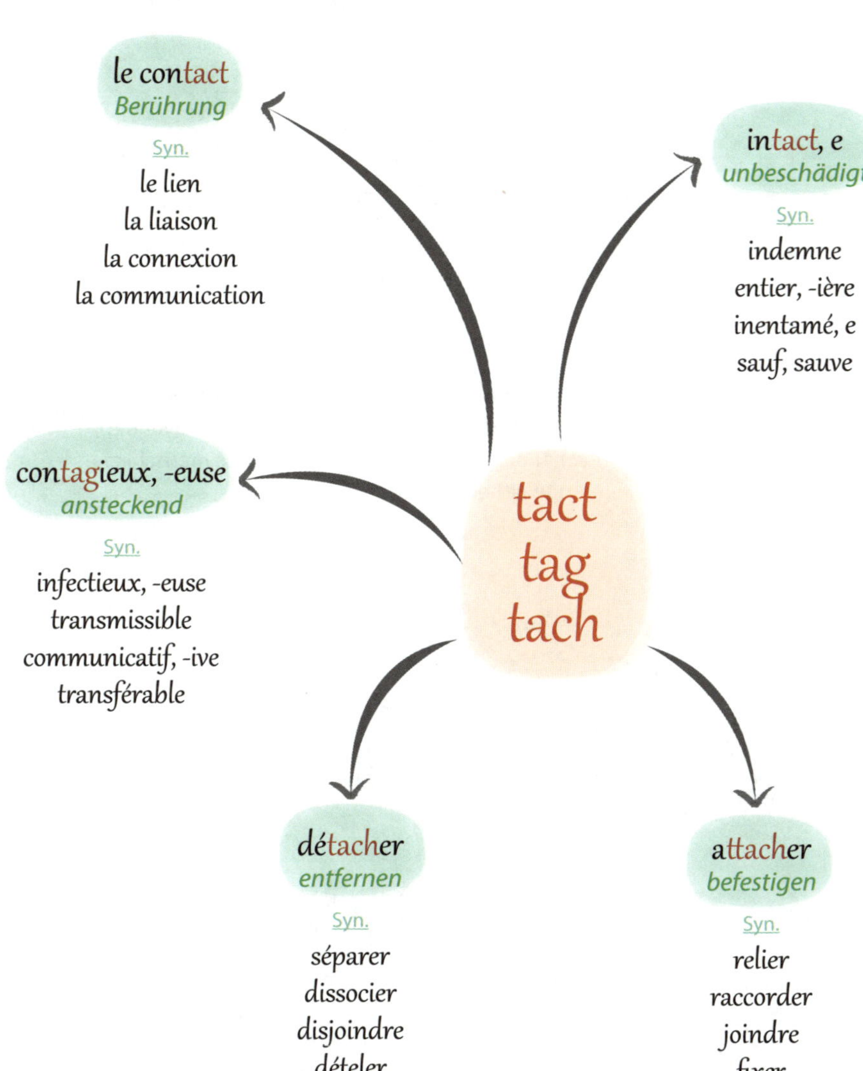

3.8 Die „Blick-Herzen“:

Bevor wir uns dem eigentlichen Ziel dieses Kapitels, den Wortherzen mit Sehsinn, zuwenden, schauen wir uns doch erst einmal das menschliche Auge näher an:

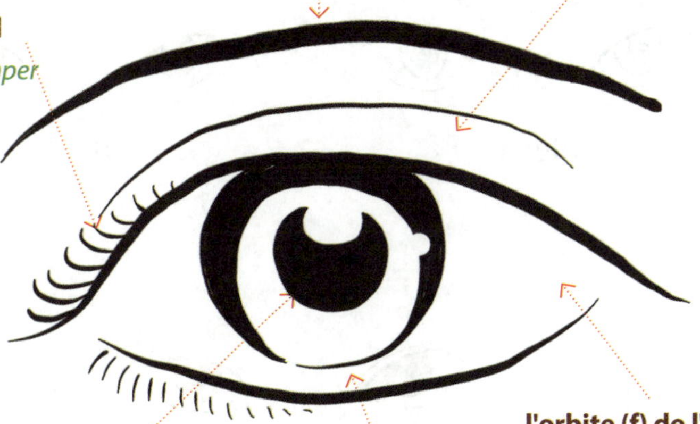

le sourcil
die Augenbraue

la paupière
das Augenlid

le cil
die Wimper

l'orbite (f) de l'œil
die Augenhöhle

la pupille
die Pupille

le globe oculaire
der Augapfel

L'ŒIL
das Auge

Il/Elle a les yeux...

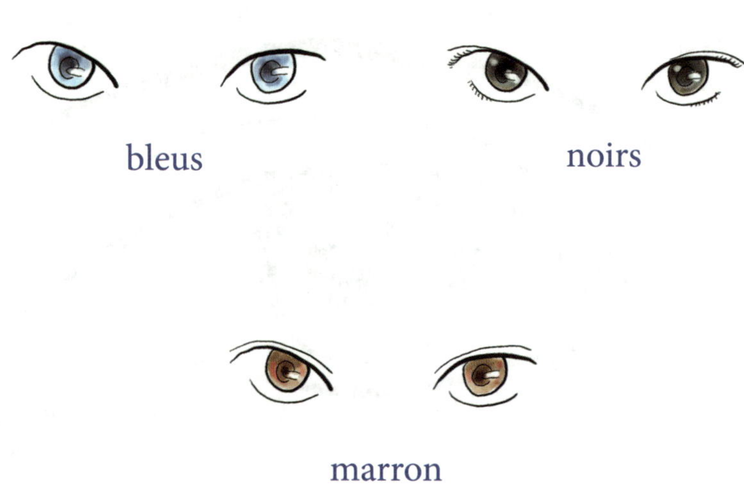

gris

verts

Und dann ein paar Tätigkeiten, welche wir mit unseren Augen so alle tun können:

In dem jetzt folgenden Abschnitt beschäftigen wir uns ausschließlich mit den Vokabelherzen, die ihren Sehsinn nutzen.

Diese Vokabelherzen erkennt man am: **vid**, **vis**, **spec**, **spect** und **spic.**

vid, vis

ÉVIDENT, E:

Évident bedeutet: offensichtlich, augenscheinlich. Das **é**-Gesicht ist eigentlich ein abgekürztes **ex**-Gesicht. Die Abkürzung hat die Funktion, den Klang des Wortes gefälliger zu machen.

offensichtlich

évident, e
clair, e
indiscutable
manifeste
lumineux, -euse

APPROVISIONNER:

Glaube es mir oder nicht, das Wort **approvisionner** hat auch etwas mit dem Sehen zu tun. **Approvisionner** heißt: anbieten, bereitstellen, zur Verfügung stellen.

Man zeigt jemandem ein besonderes Objekt, das derjenige jetzt sehr gut gebrauchen kann, und stellt ihm oder ihr diesen Gegenstand zur Verfügung.

bereitstellen

approvisionner
fournir
procurer
pourvoir
alimenter

VISUEL – VISUALISER – VISION:

Visuel (visuell, optisch) meint alles, was mit dem Sehen zu tun hat.

Das Wort **visualiser** meint genau genommen: sich vergegenwärtigen, sich vorstellen, etwas verbildlichen.

Vision drückt die allgemeine Sehfähigkeit aus. Man kann mit diesem Wort aber auch die geistige Fähigkeit ausdrücken, sich die Zukunft vorzustellen. Hier spricht man auch von Imagination.

L'imagination est plus importante que la connaissance.
(Vorstellungskraft ist wichtiger als Wissen.)

sich vorstellen

visualiser
s'imaginer
se représenter
concevoir
visionner

Sehfähigkeit

la vision
l'imagination (f)
l'idée (f)
la créativité
l'intuition (f)

VISITER:

Visiter heißt: besuchen. Oder als Nomen: **la visite** (der Besuch). Den Krankenbesuch des Arztes im Krankenhaus nennt man im deutschen Fachjargon „Visite“. Das bedeutet, dass der Arzt nach seinem Patienten sieht. Mit dem **eur**-Hintern am Ende entsteht der **visiteur** (Besucher).

besuchen

visiter
passer
saluer
soigner
assister

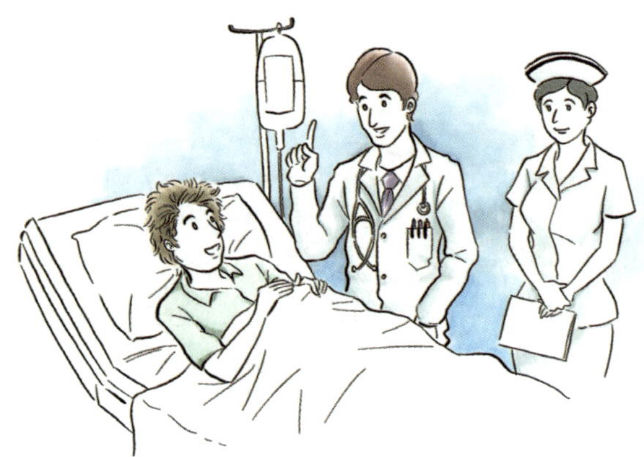

VISIBLE:

Visible besteht aus dem Herz **vis** und dem Hintern **-ible**. Ich greife mir selber jetzt schon mal ein bisschen vor, indem ich dir erkläre, dass der **ible**-Hintern immer verwendet wird, wenn man auszudrücken will, dass jemand oder etwas fähig zu etwas ist. **Visible** bedeutet also: sichtbar, erkennbar.

Natürlich heißt das Gegenteilwort davon **invisible** (unsichtbar). Das ist jetzt ein ganz einfaches Rechenbeispiel für dich, über das du nicht mehr nachdenken musst.

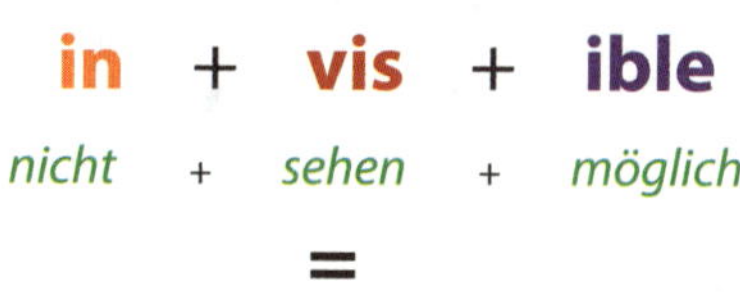

unsichtbar

sichtbar		*unsichtbar*
visible perceptible apparent, e percevable distinct, e	≠	invisible imperceptible inapparent, e inaperçu, e occulte

Gedächtnis-Landkarte

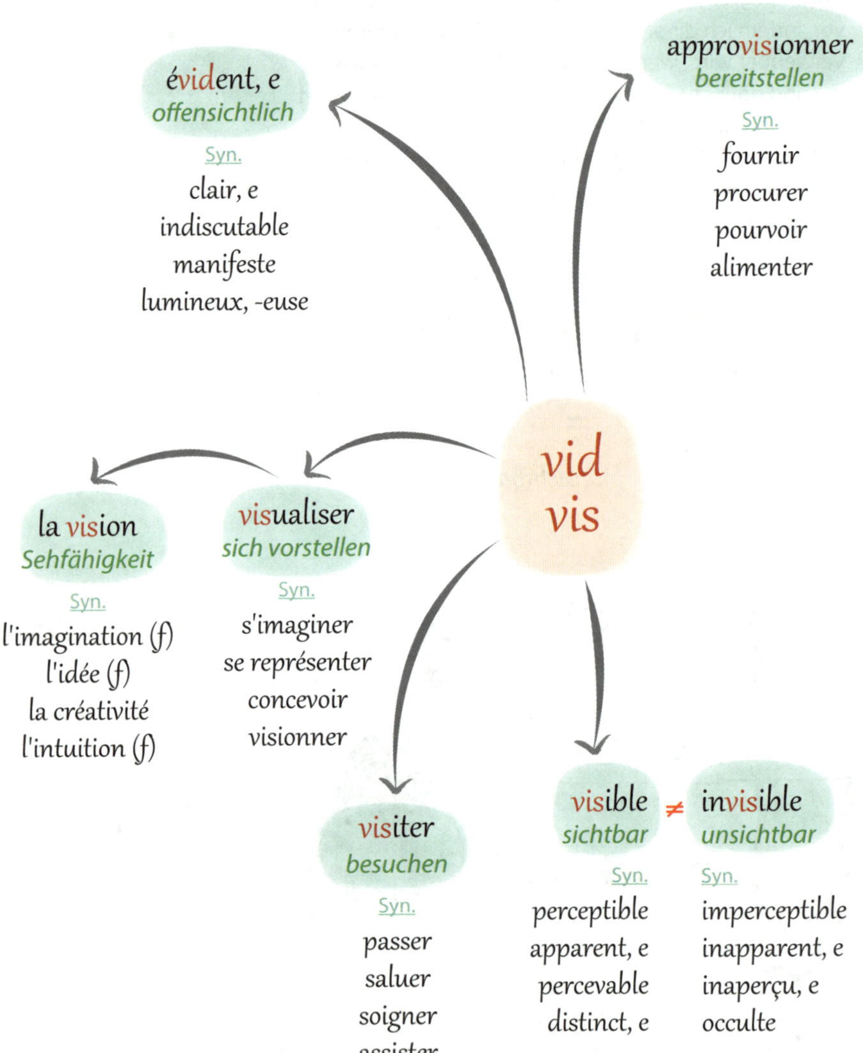

spec, spect, spic

SPECTACLES, SPECTATEUR, SPECTACULAIRE:
Schauen wir uns das nächste Team der Vokabelherzen an, die „sehen können“. Dieses Team startet mit **spec**, **spect** oder **spic**. Wenn du in deinem Gehirn kramst, purzeln sofort einige davon aus deiner Erinnerung heraus.

spectacles	(Nomen)	=	*Brille*
spectateur, -euse	(Nomen)	=	*Zuschauer/in*
spectaculaire	(Adjektiv)	=	*spektakulär*

Sofort wird dir klar, wie sehr diese Vokabeln mit dem Sehen verknüpft sind. Aber damit du diese Hintergründe ab jetzt nie mehr vergisst, schauen wir uns noch ein paar Beispiele mehr davon an.

inspizieren

inspecter
examiner
fouiller
scruter
surveiller

INSPECTER:

Wenn man etwas genau ins Visier nimmt und es auf bestehende Mängel untersucht, verwendet man das Wort **inspecter** (überprüfen, besichtigen, inspizieren).

Inspektor/in

l'inspecteur, -trice
l'examinateur, -trice
le/la contrôleur, -euse
le/la vérificateur, -trice
l'agent (m/f)

INSPECTEUR , -TRICE:

Das dazu passende Nomen **inspecteur** kennt natürlich jeder. Es bedeutet: Prüfer, Kontrolleur, Inspektor. Das Wort besteht aus dem **in**-Gesicht, dem **spect**-Herzen und dem **eur**-Hintern.

Aufführung

le spectacle
la représentation
l'exhibition (f)
le divertissement
la séance

SPECTACLE:

Beim **spectacle** blicken wir fasziniert auf eine Vorführung oder Show.

PERSPECTIVE:

Perspective (Aussicht, Möglichkeit). Das Wort hat zweierlei Bedeutungen. Zum einen meint es die Aussicht (einer schönen Landschaft beispielsweise), die vor einem liegt, zum anderen eine Möglichkeit, die wir ergreifen könnten. Das **per**-Gesicht bedeutet: durch etwas hindurch, und das **spect** kommt vom Sehen. In der einen Situation sehen wir tatsächlich auf etwas, in der anderen stellen wir uns etwas vor unserem geistigen Auge vor.

Aussicht

la perspective
l'éventualité (f)
la possibilité
l'opportunité (f)
l'occasion (f)

PERSPICACITÉ:

Buddha kann durch die Dinge hindurchsehen. Er hat den Durchblick, **la perspicacité**.

Tout change.
(Alles ist vergänglich.)

Durchblick

la perspicacité
la compréhension
la vision
la clairvoyance
la sagacité

Gedächtnis-Landkarte

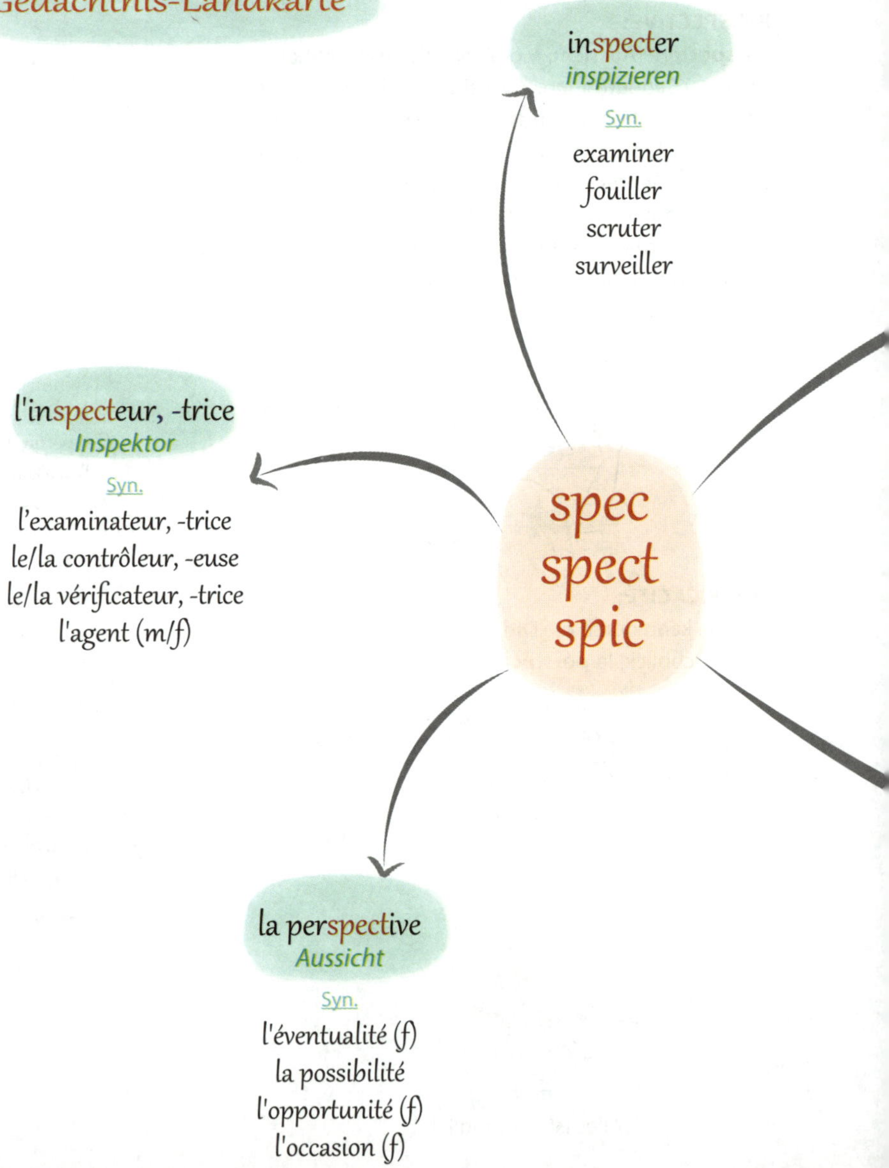

spec
spect
spic

inspecter
inspizieren

Syn.
examiner
fouiller
scruter
surveiller

l'inspecteur, -trice
Inspektor

Syn.
l'examinateur, -trice
le/la contrôleur, -euse
le/la vérificateur, -trice
l'agent (m/f)

la perspective
Aussicht

Syn.
l'éventualité (f)
la possibilité
l'opportunité (f)
l'occasion (f)

le spectacle
Aufführung

Syn.

la représentation
l'exhibition (f)
le divertissement
la séance

la perspicacité
Durchblick

Syn.

la compréhension
la vision
la clairvoyance
la sagacité

3.9 Die „Stimm- und Lausch-Herzen“:

Um dem nächsten Thema näher zu kommen, schauen wir uns erst einmal ein paar französische Wörter an, die alle mit den Ohren zu tun haben:

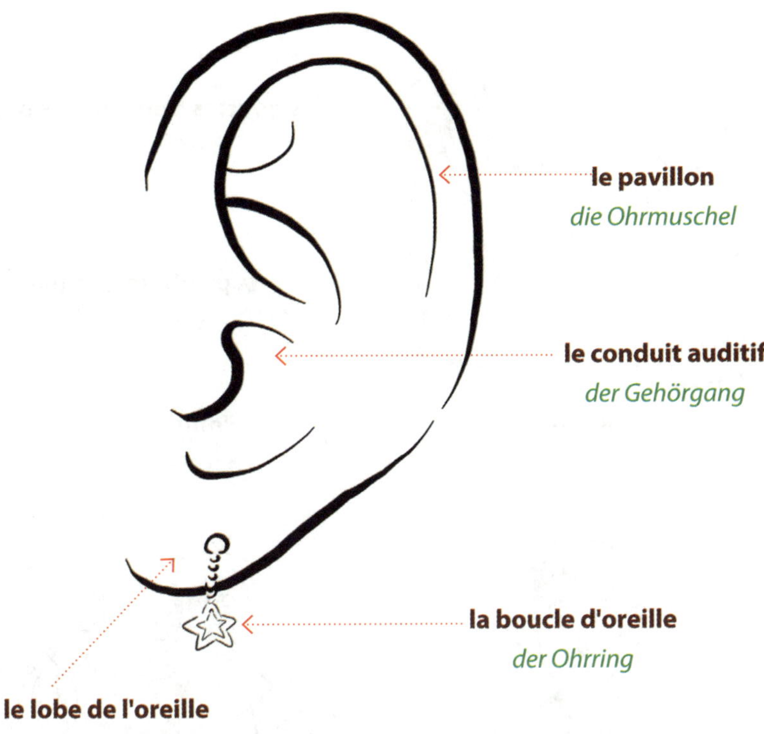

L'OREILLE

das Ohr

malentendant, e
hörgeschädigt

le cérumen
der Ohrenschmalz

les gouttes (fpl) pour les oreilles
die Ohrentropfen

la prothèse auditive
das Hörgerät

sourd, e
taub

l'ouïe (f)
das Gehör

le/la spécialiste des oreilles
Ohrenarzt/-ärztin

dur d'oreille
schwerhörig

Und dann schauen wir uns an, was wir mit unseren Lauschern alles tun können:

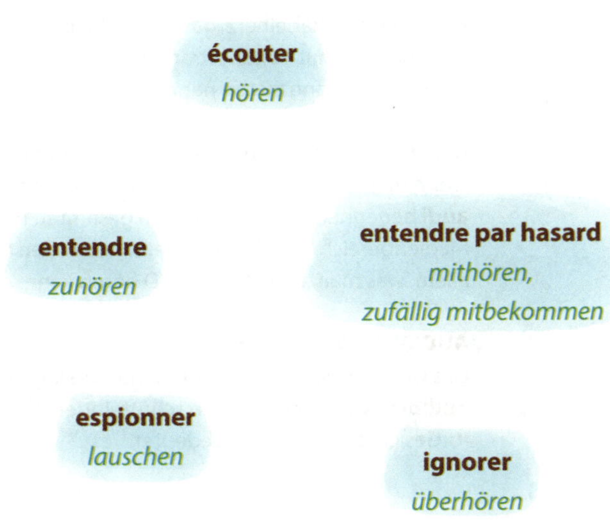

Um tiefer in das Thema einzusteigen, schauen wir uns Vokabelherzen an, die das Hören ausdrücken oder die mit dem Hören zu tun haben. Diese lauten: **audi**, **phon**, **voc**, und **voque**.

audi

Audi ist ein Vokabelherz, das benutzt wird, um Wörter zu bilden, die mit Tonübertragung, Tonwiedergabe oder Tonempfang zu tun haben.

Außerdem wird **audi** noch benutzt, um auszudrücken, wenn man in der Lage ist, etwas zu hören. Wörter mit **audi** begegnen dir also häufig im gesamten modernen Medienbereich, zum Beispiel beim Fernsehen und bei allem, was man auf CD oder DVD hören kann.

AUDIBLE – INAUDIBLE:
Das Gegenteilwort von **audible** (hörbar) lautet **in-audible**, was durch den sich schüttelnden Kopf des **in**-Gesichtes „unhörbar" bedeutet.

hörbar		unhörbar
audible écoutable perceptible discernable pouvant être entendu	≠	inaudible inécoutable imperceptible sourd, e indistinct, e

AUDIENCE:

Der Superstar tritt auf der Bühne vor seinem jubelnden Publikum auf, das im Französischen **audience** heißt.

Zuhörer

l'audience (f)
l'auditeur, -trice
le public
l'assistance (f)
le/la spectateur, -trice

phon

Die nächste Wortgruppe sind Wörter mit **phon**.
Klar, das weißt du selber, weil das so geläufig ist: Auch diese Wörter zählen zu den Ohren der Vokabelherzen. Sie wurden aus dem Griechischen übernommen und bedeuten in ihrem Ursprung: Laut, Ton, Stimme.

TÉLÉPHONE:
Téléphone packt vor das **phone** noch das **télé-**.
Téle- ist auch ein Vokabelgesicht und bedeutet: fern.
Mit dem **téléphone** können wir also Töne auf die weite Reise schicken oder von weit weg hören.

telefonieren

téléphoner
appeler
bigophoner
donner un coup de fil
passer un coup de fil

SYMPHONIE:

Unser nächstes Beispiel heißt **symphonie**. Hier hat das Handy nichts verloren, hier hören wir reinste, schöne Klänge eines Orchesters.

Lehn dich einen Augenblick zurück und genieße die Vorstellung, dass du im Konzert einer wunderschönen Symphonie lauschst.

Das Vokabelgesicht **sym-** kommt aus dem Griechischen und bedeutet: zusammen. Klar, und **phonie** setzt die Töne noch dazu, und so wird es zusammen ein wunderschönes Klangerlebnis vieler Musiker.

PHONÉTIQUE:

Und **la phonétique** ist die Wissenschaft der sprachlichen Laute. Hier beschäftigen sich also die hohen Wissenschaftler mit sprachlichen Klängen. Natürlich darf dabei das Herz **phon** nicht fehlen.

Weitere **phon**-Beispiele:

EUPHONIQUE:
Euphonique heißt: wohlklingend.

CACOPHONIQUE:
Cacophonique ist das Gegenteil von „wohlklingend" und bedeutet: misstönend.

Damit beende ich die Beispiele, die sich mit dem Herzen **phon** beschäftigen. Es gibt noch eine ganze Reihe mehr davon, die du ab jetzt aber augenblicklich zuordnen kannst.

voc, voque

Wie naheliegend, dass diese Herzen mit dem Hören zu tun haben, wo der Begriff **voix** (Stimme) doch fast genauso klingt.

VOCAL, E:

Wir beginnen mit dem Wort **vocal**, was alles ausdrückt, das mit der menschlichen Sprache zu tun hat. Als Adjektiv heißt das Wort übersetzt: stimmlich, lautstark.

VOCALISTE:

Aus der gleichen Kategorie entspringt das Wort **vocaliste**. Damit ist ein Sänger bzw. eine Sängerin gemeint, weil der Begriff durch den Hintern **-iste** der Bedeutung **vocal** eine Person zuordnet, die den Ton ausführt. Also ein „aktiver Töner“, ein Sänger.

Sänger/in

le vocaliste
le/la chanteur, -euse
l'interprète (m/f)
le chansonnier
le/la choriste

VOCATION:

Ist dir bei dem Wort **vocation** vorher schon einmal aufgefallen, dass es auch mit Klang zu tun hat?

Sprechen wir von **vocation**, dann meinen wir damit die Berufung. Klar, sieh doch einmal genau hin, auch im Deutschen steckt da der Ruf, also ein sprachlicher Klang drin.

Dem Berufenen ist es gefühlsmäßig so, als hätte die Arbeit ihm zugerufen: „Du bist ein Musiker, los ran an das Instrument!"

In diesem Fall gilt das aber nicht nur bei Berufenen, die sich mit Klängen beschäftigen, sondern auch im übertragenen Sinne. Auch Künstler oder Krankenschwestern können von ihrer Arbeit „gerufen" werden.

Berufung

la vocation
le métier
la destinée
la profession
le penchant

Schauen wir uns auch negative Wörter zu dem Thema an:

PROVOCATION:

provocation (Provokation, Herausforderung). Damit ist eine ganz spezielle Art des Sprechens gemeint, die einen anderen ärgert und zur Weißglut bringt. Durch das Vokabelgesicht **pro-** wird klar gemacht, dass etwas vorwärts geht, und durch das **voc** kommt die Sprache hinein.

PROVOQUER:

Das dazu passende Verb lautet **provoquer** (provozieren). Achtung, hier wird das **voc** zum **voque**. Einer der kleinen Sonderfälle, die wir uns einbläuen müssen.

Provokation

la provocation
l'incitation (f)
l'excitation (f)
le défi
l'agitation (f)

provozieren

provoquer
causer
susciter
énerver
exaspérer

Gedächtnis-Landkarte

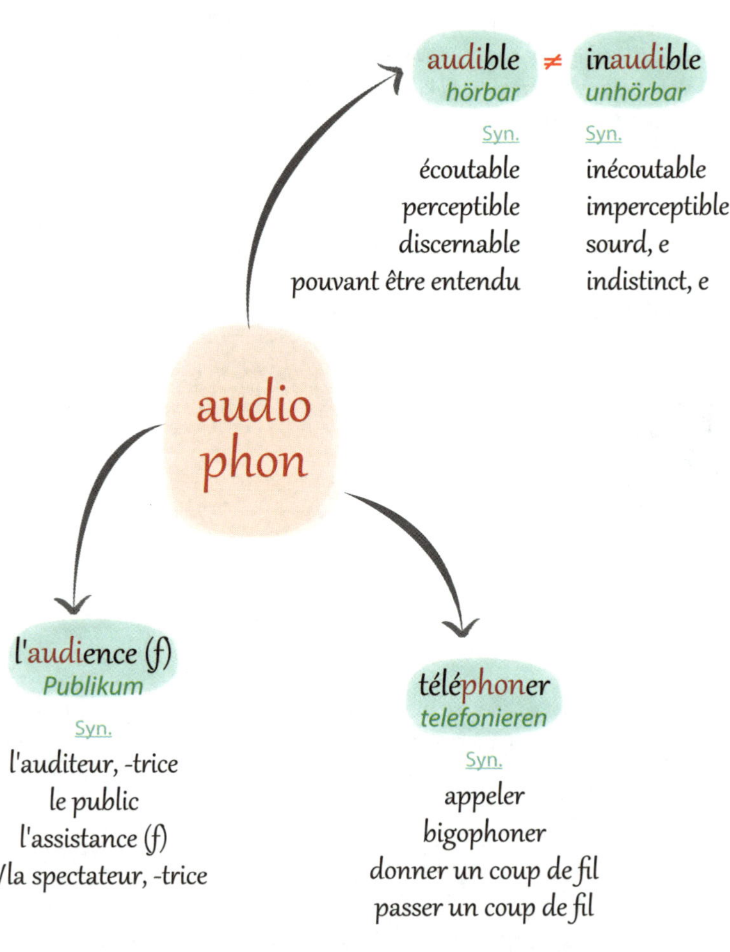

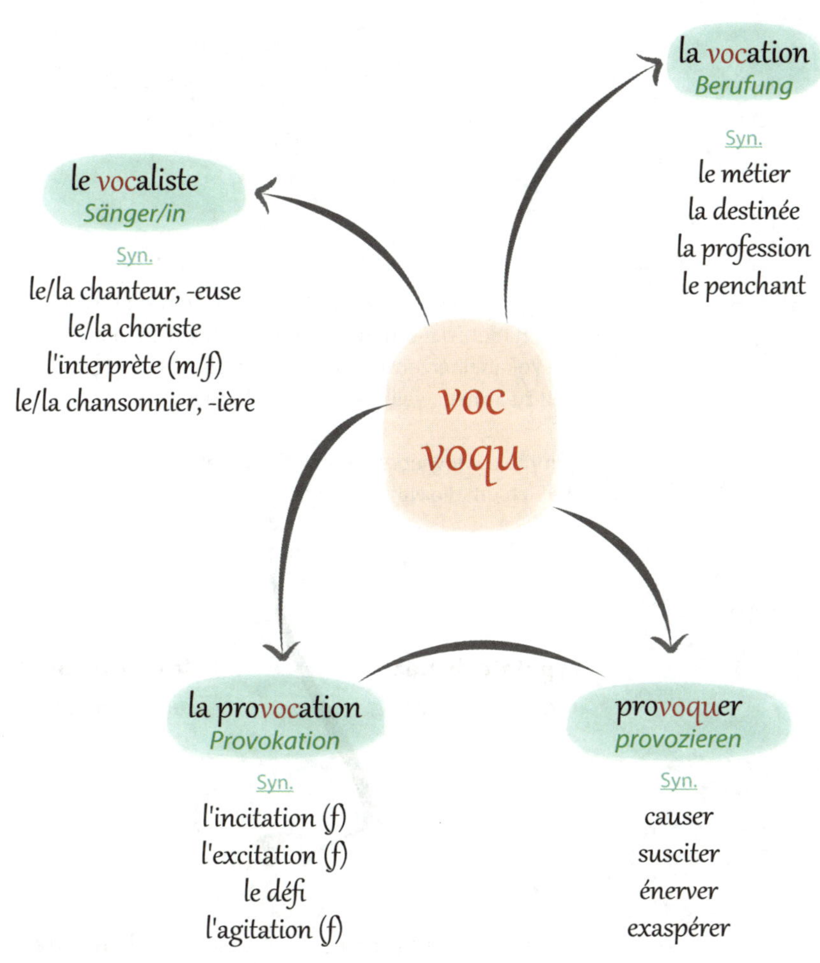
la vocation
Berufung
Syn.
le métier
la destinée
la profession
le penchant
le vocaliste
Sänger/in
Syn.
le/la chanteur, -euse
le/la choriste
l'interprète (m/f)
le/la chansonnier, -ière
voc
voqu
la provocation
Provokation
Syn.
l'incitation (f)
l'excitation (f)
le défi
l'agitation (f)
provoquer
provozieren
Syn.
causer
susciter
énerver
exaspérer

3.10 Das „Schnupper-Herz“:

Nachdem wir die Vokabelherzen kennengelernt haben, die sehen und hören können, folgen jetzt die Vokabelherzen, die die Fähigkeit haben zu riechen und zu atmen, weil sie eine Nase besitzen.

Sammeln wir wieder einmal erst Vokabeln,
die sich um die Nase drehen:

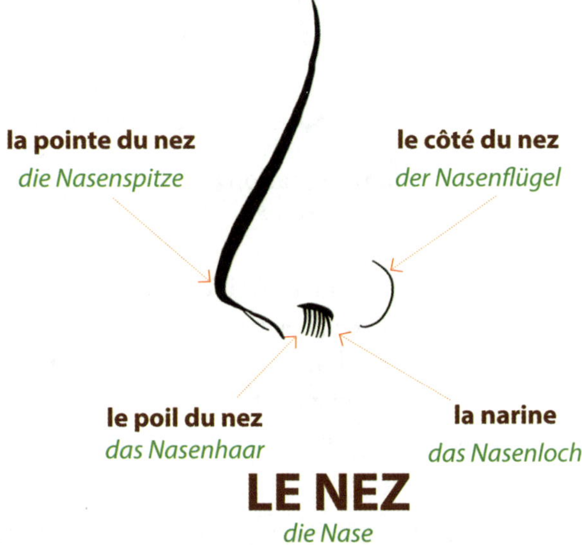

Und dann folgen wieder die Tätigkeiten,
bei denen wir Menschen unsere Näschen benutzen:

Das Vokabelherz, das ein Näschen hat, erkennt man an **spir**. Unser erstes Beispielwort dazu lautet **inspirer**.

INSPIRER:
Inspirer bedeutet das Gleiche wie das deutsche Wörtchen „inspirieren".

Pflücken wir zum besseren Verstehen das Wort mal wieder auseinander, in ein Gesicht und in ein Herz, so haben wir ein **in**-Gesicht und ein **spir**-Herz. **Spir** stammt vom lateinischen „spirare" (atmen).

Klar, das **in**-Gesicht gibt die Richtung an. Es geht die Luft der Atmung also nach innen.

inspirieren

inspirer
motiver
stimuler
encourager
susciter

INSPIRATION:
Aber was hat die geistige **inspiration** mit der Nase zu tun? Im übertragenen Sinne kann man sagen, dass Gott oder der Heilige Geist in unser Gehirn atmet, und damit nehmen wir die kreativen Ideen oder die Inspirationen in unseren Geist auf.

Inspiration

l'inspiration (f)
la créativité
l'intuition (f)
l'illumination (f)
la verve

EXPIRER:
Das Wörtchen **expirer** bedeutet „ausatmen“, aber auch: verfallen, vergehen. Es beinhaltet das **ex**-Gesicht (klar: etwas geht raus, kommt an ein Ende) und das **pire**-Herz, das von **spir** abgeleitet ist. (Das **s** von **spir** ist bei **expirer** weggefallen, weil man es hinter dem **x** beim Sprechen gar nicht hören würde.) Stirbt man, kommt die Atmung zum Stillstand.

Das, wovon man spricht, hat also seinen letzten Atemzug getan. Und bei der Ausatmung braucht es, glaube ich, keine weitere Erklärung, oder?

ausatmen

expirer
souffler
exhaler
refouler
chasser l'air des poumons

verfallen

expirer
périmer
arriver à terme
prendre fin
arriver à échéance

EXPIRATION:
Die **expiration** ist das Nomen von **expirer** und hat die gleiche Bedeutung wie dieses: Ausatmung, Ablauf, Verfall.

Mit dem Sinn des Wortes „Ablauf“ kann ebenso die Haltbarkeit eines Nahrungsmittels wie auch die Gültigkeit einer Kreditkarte oder Ähnliches gemeint sein.

einatmen, streben

aspirer
briguer
ambitionner
tendre vers
désirer

ASPIRER – ASPIRATION:

Das Wort **aspirer** besteht aus dem Vokabelgesicht **as-** und dem Herz **spir**. Durch das Pfeilgesicht **as-** wissen wir, dass jemand oder etwas sich auf etwas zubewegt. Und das **spir**-Herz bringt den Atem mit ins Spiel. Das bedeutet, dass wir eine Sehnsucht, einen Wunsch oder eine Absicht in die Außenwelt senden. Das dazugehörige Nomen lautet **aspiration**.

Einatmen, Streben

l'aspiration (f)
l'ambition (f)
le désir
le souhait
l'impulsion (f)

TRANSPIRER:

Transpirer heißt schwitzen. Es besteht aus dem **trans-** Gesicht, wobei etwas den Ort oder den Zustand wechselt. In Verbindung mit dem **spir** wird ausgedrückt, dass es sich dabei um die „Atmung“ dreht. In diesem Fall „atmen wir durch unsere Hautporen“, wir transpirieren.

schwitzen

transpirer
perspirer
suer
dégouliner
couler

CONSPIRER:
Mein letztes Beispiel in diesem Zusammenhang lautet: **conspirer**, was hochgestochen ausgedrückt „konspirieren" bedeutet oder einfacher gesagt: sich verschwören, sich zusammentun.

Das **con**-Gesicht bringt Dinge oder Menschen zusammen, und das **spir**-Herz bedeutet in diesem Zusammenhang, dass man so nah zusammenrückt, dass man die gleiche Luft atmet. Man tut das im Geheimen, um gemeinsam Verbotenes auszuhecken.

CONSPIRATION:
Zum Verb **conspirer** gibt es auch ein Nomen, das **conspiration** (Verschwörung) heißt.

konspirieren

conspirer
comploter
manigancer
conjurer
ourdir

Verschwörung

la conspiration
le complot
la conjuration
la machination
la faction

Gedächtnis-Landkarte

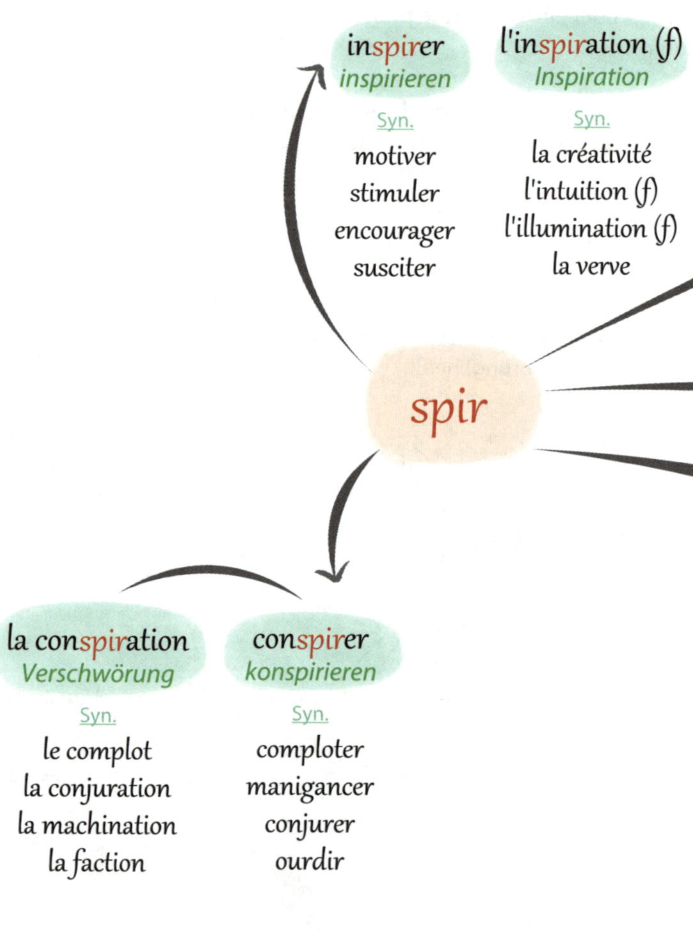

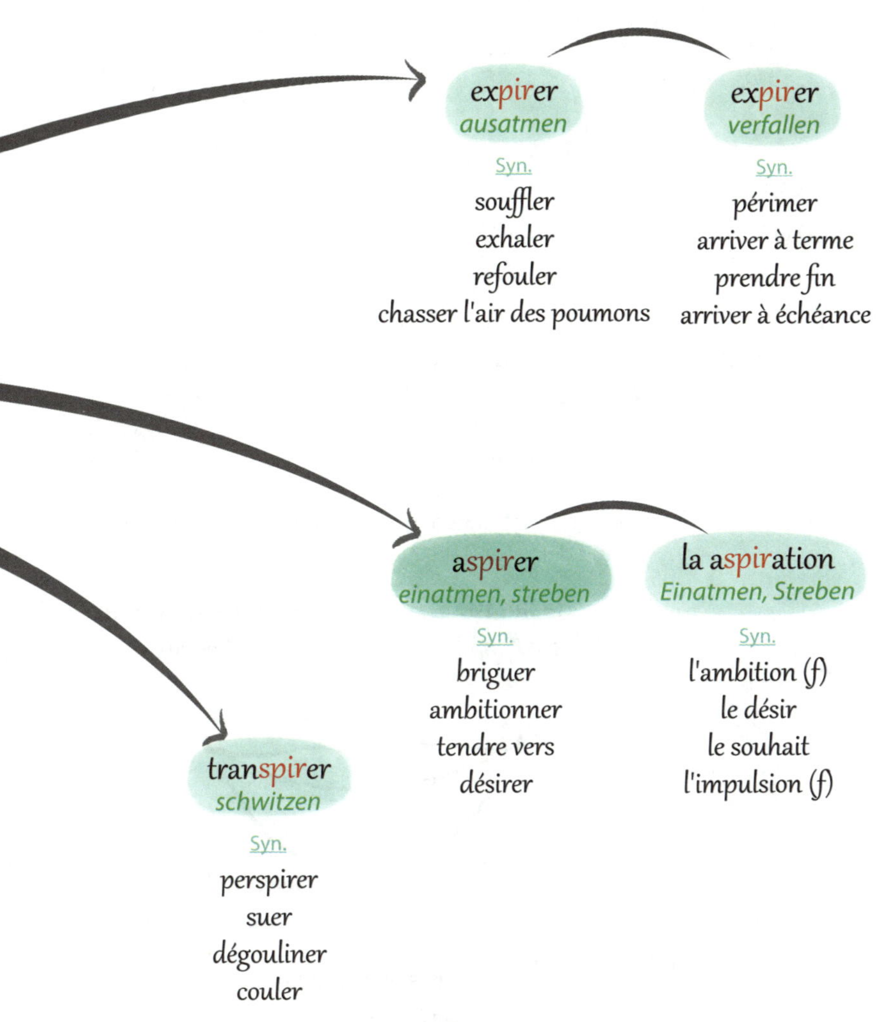

expirer
ausatmen
Syn.
souffler
exhaler
refouler
chasser l'air des poumons
expirer
verfallen
Syn.
périmer
arriver à terme
prendre fin
arriver à échéance
aspirer
einatmen, streben
Syn.
briguer
ambitionner
tendre vers
désirer
la aspiration
Einatmen, Streben
Syn.
l'ambition (f)
le désir
le souhait
l'impulsion (f)
transpirer
schwitzen
Syn.
perspirer
suer
dégouliner
couler

3.11 Die „Schwätz-Herzen“:

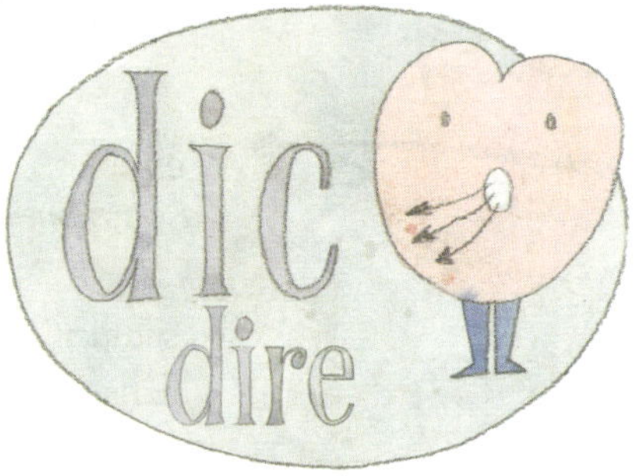

Wir kennen bereits die Vokabelherzen, die berühren, die sehen, die hören und die riechen können. Uns fehlen noch die, welche eine Zunge und einen Gaumen zum Schmecken haben. Die wollen wir uns jetzt näher ansehen.

Und wieder beginnen wir damit, uns Wörter anzusehen, die mit dem Mund oder mit der Zunge zu tun haben.

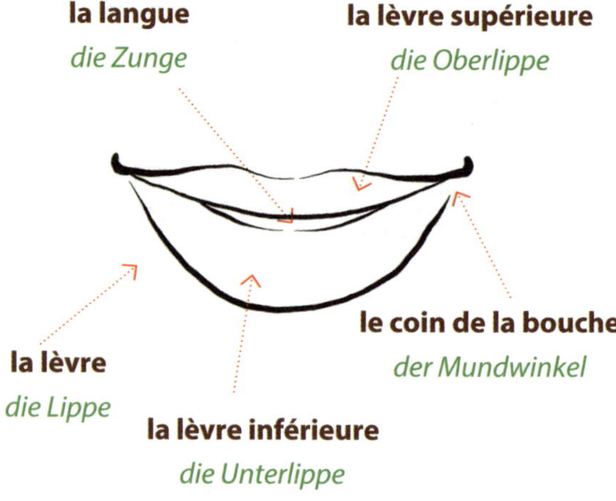

Und dann schauen wir uns wieder die Verben, also die Tätigkeiten dieser Organe an:

dire	*sagen*
parler	*sprechen*
goûter	*schmecken*
lécher	*lecken, schlecken*
sucer	*lutschen*
prononcer	*äußern*
embrasser	*küssen*
cracher	*spucken*
siffler	*pfeifen*
manger	*essen*
boire	*trinken*
le lapsus	*der Versprecher*

tirer la langue

die Zunge herausstrecken

Wie immer folgen jetzt einige Wortbeispiele, diesmal mit **dict**. Du weißt ja schon, wie ich vorgehe.

DICTÉE – DICTER:
Ich beginne mit dem Wort **dictée** (Diktat). Das Verb dazu ist **dicter** (diktieren).

Klar, schon bei der Übersetzung bekommst du alle Zusammenhänge selber zusammen. Du weißt selber bestens, was ein Diktat ist.

diktieren

dicter
imposer
ordonner
commander
stipuler

Hatte dir vor dem Lesen dieses Buches ein Diktat früher große Sorgen gemacht, dann werden diese danach vermutlich ziemlich überflüssig sein.

PRÉDIRE – PRÉDICTION:

Ein anderes Wort aus dieser Reihe, das man unbedingt kennen sollte, lautet: **prédiction**. Die deutsche Übersetzung des Verbs **prédire** (vorhersagen, prophezeien) erklärt eigentlich schon alles.

Der Wahrsager sagt Dinge, die in der Zukunft geschehen werden. Das kann er, weil die **prédiction** ein **pré**-Gesicht hat, das „vor" bedeutet, und das **dict**-Herz „sprechen" meint.

vorhersagen

prédire
prévoir
pronostiquer
prophétiser
augurer

Vorhersage

prédiction
prévision
prophétie
pronostication
divination

CONTREDIRE – CONTRADICTION:

Das nächste Beispiel lautet: **contredire**. Das **contre-**, **contra-**Gesicht bedeutet: gegen, dagegen. Und wenn man gegen etwas spricht, dann widerspricht man. Und das ist auch schon die Übersetzung des Wortes: widersprechen.

widersprechen

contredire
contrarier
contester
démentir
réfuter

Widerspruch

la contradiction
le désaccord
l'opposition (f)
l'objection (f)
la discordance

Gedächtnis-Landkarte

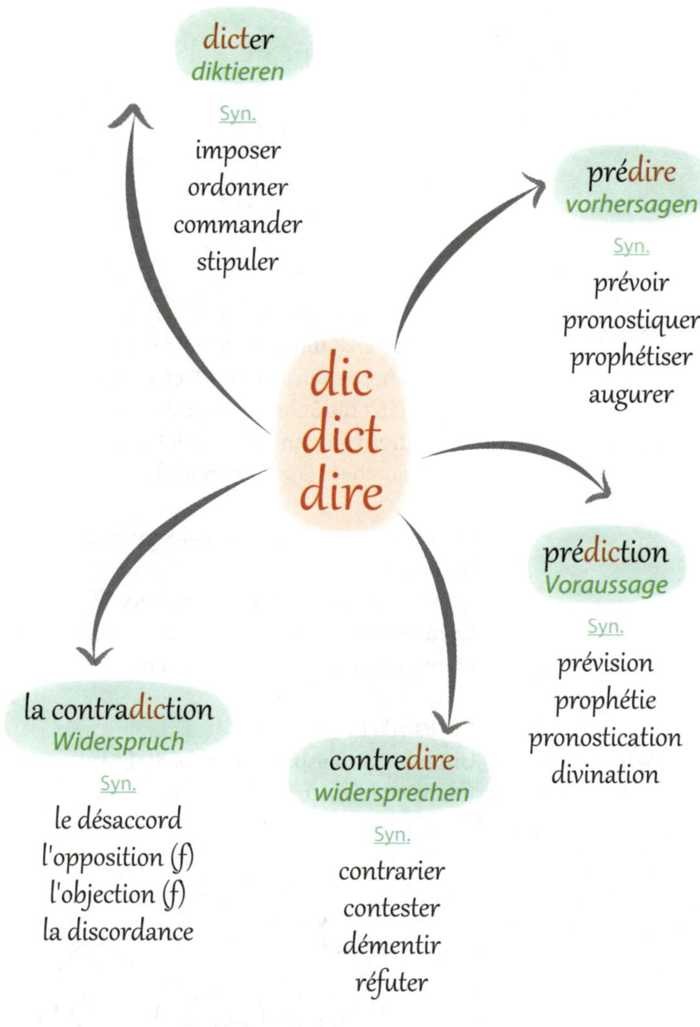

3.12 Die „zarten Herzchen“:

Die Vokabelherzen mit Herz und Gefühl. Nach den Erklärungen der Herzen mit den Sinnen Berührung, Sehen, Hören, Riechen und Schmecken folgen jetzt die Sensibelchen der Vokabelherzen. Sie sind extrem empfindsam, und das drücken sie auch schon durch ihr Erscheinungsbild aus.

Die erste Gruppe der Vokabel-Sensibelchen hat ein besonders ausgeprägtes Herz. Deswegen erkennt man sie an den **cord**- oder den **cour**-Herzen. **Cord** kommt aus dem Lateinischen, **cour** aus dem Französischen. Beide heißen: Herz.

CORDIAL, E:

Unser erstes Beispiel lautet **cordial**, und das Wort ist furchtbar herzlich und freundlich.

herzlich

cordial, e
réconfortant, e
amical, e
affectueux, -euse
chaleureux, -euse

ACCORD:

Das zweite Beispiel heißt: **accord** (Abkommen, Einigung). Das Wort besteht aus dem zu **ac-** abgewandelten **ad**-Gesicht und dem **cord**-Herz. Zusammengesetzt meint das, dass zwei Herzen eine Einigung gefunden haben.

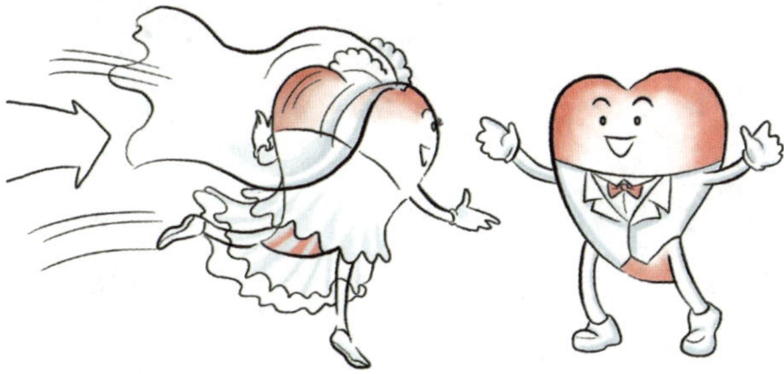

Abkommen

l'accord (m)
le consentement
l'entente (f)
l'approbation (f)
la concordance

COURAGE – COURAGEUX, -EUSE:

Schließlich und endlich ist in dieser Kategorie noch das Wort **courage** zu nennen. Es bedeutet: Mut, Tapferkeit, Beherztheit. Das Adjektiv dazu heißt **courageux** (mutig, tapfer, beherzt).

Mut

le courage
la bravoure
la vaillance
le cran
le sang-froid

mutig

courageux, -euse
brave
vaillant, e
valeureux, -euse
audacieux, -euse

ermutigen

encourager
motiver
stimuler
galvaniser
inciter

ENCOURAGER:

Und sobald man ein **en**-Gesicht vor **courager** setzt, wird das Wort **encourager** (ermutigen, anregen, ermuntern) daraus.

entmutigen

décourager
démoraliser
abattre
désespérer
démotiver

DÉCOURAGER:

Aber wenn man ein **dé**-Gesicht vor **courager** setzt, wird natürlich gleich wieder das Gegenteil daraus, nämlich **décourager** (entmutigen, abhalten).

Gedächtnis-Landkarte

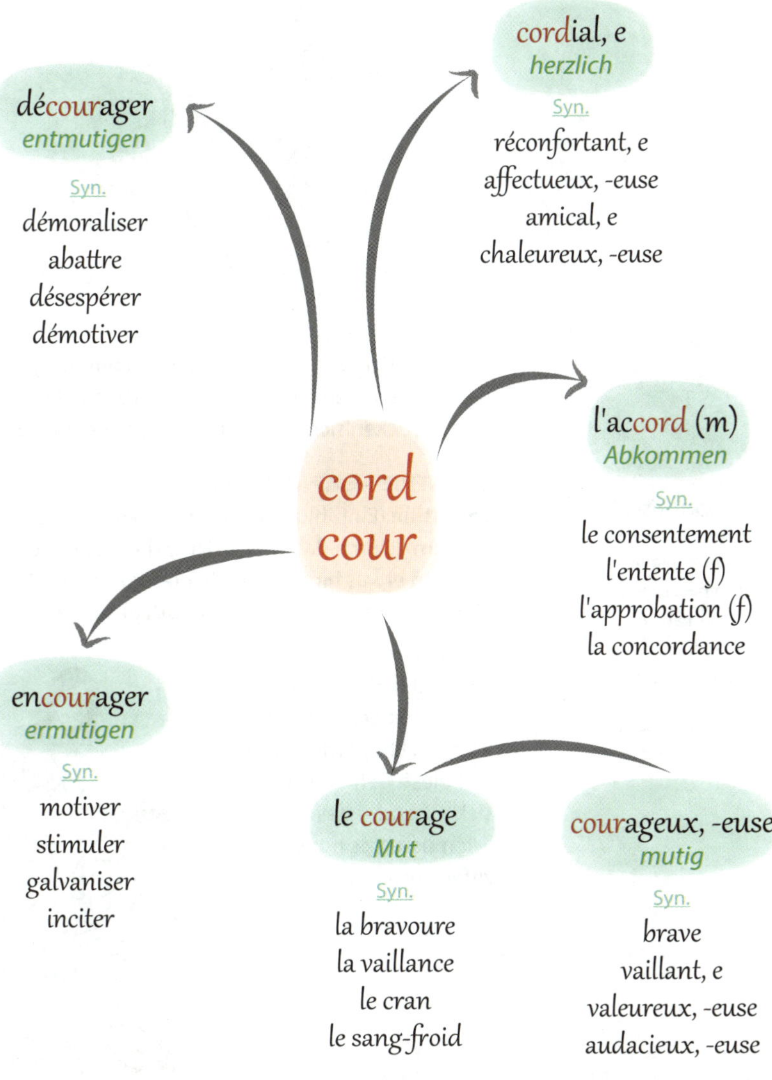

3.13 Die „gefühlvollen Herzen“:

Nach den „zarten Herzchen“ kommen jetzt noch die anderen „Sensibelchen“, die „Verben voller Gefühl“. Diese drücken sich durch ein **path** oder ein **pass** aus.

EMPATHIE – EMPATHIQUE:

Empathie (Einfühlungsvermögen), **empathique** (einfühlsam). Durch das em-Gesicht wird ausgedrückt, dass etwas in etwas hinein geht. In diesem Fall das Gefühl eines anderen, was durch das **path** gesagt wird.

empathisch

empathique
compatissant, e
humain, e
compréhensif, -ive
attendrissant, e

Wir fühlen uns also sensibel in das Empfinden unseres Gegenüber hinein. Ist das nicht herrlich, wie klar diese Geheimsprache sich auszudrücken weiß? Wir müssen es nur entziffern können.

SYMPATHIE – SYMPATHIQUE:
Sympathie (Sympathie), **sympathique** (sympathisch). Das **sym-** vor dem **path** bringt uns einander näher, macht uns einander ähnlich. Wir fühlen uns also auf einer Wellenlänge mit jemand anderem.

sympathisch

sympathique
agréable
aimable
gentil, le
plaisant, e

ANTIPATHIE – ANTIPATHIQUE:
Antipathie (Antipathie oder Abneigung), **antipathique** (abgeneigt). Muss ich zu dem Wortgesicht **anti-** noch etwas erklären? Natürlich nicht, jeder kennt es. Wir sind gegen jemanden oder etwas. Bei **antipathie** stellen wir unser Gefühl gegen jemanden anderen.

abgeneigt

antipathique
hostile
détestable
déplaisant, e
odieux, -euse

APATHIE – APATHIQUE:

Apathie (Apathie oder Gleichgültigkeit) – **apathique** (apathisch). Das a-Gesicht drückt aus, dass etwas nicht vorhanden ist. In diesem Fall das Gefühl für jemanden oder etwas. Das a-Gesicht kennst du auch aus anderen deutschen Begriffen, wie anormal oder asymmetrisch.

apathisch

apathique
indifférent, e
insensible
inerte
amorphe

COMPASSION:

Compassion (Mitgefühl, Barmherzigkeit). Das com- von **compassion** bringt Gefühle zweier oder mehrerer Menschen zusammen. Wir fühlen Wärme, Zuneigung oder Verantwortung für jemand anderen.

Mitgefühl

la compassion
l'humanité (f)
la bonté
l'empathie (f)
l'attendrissement (m)

Gedächtnis-Landkarte

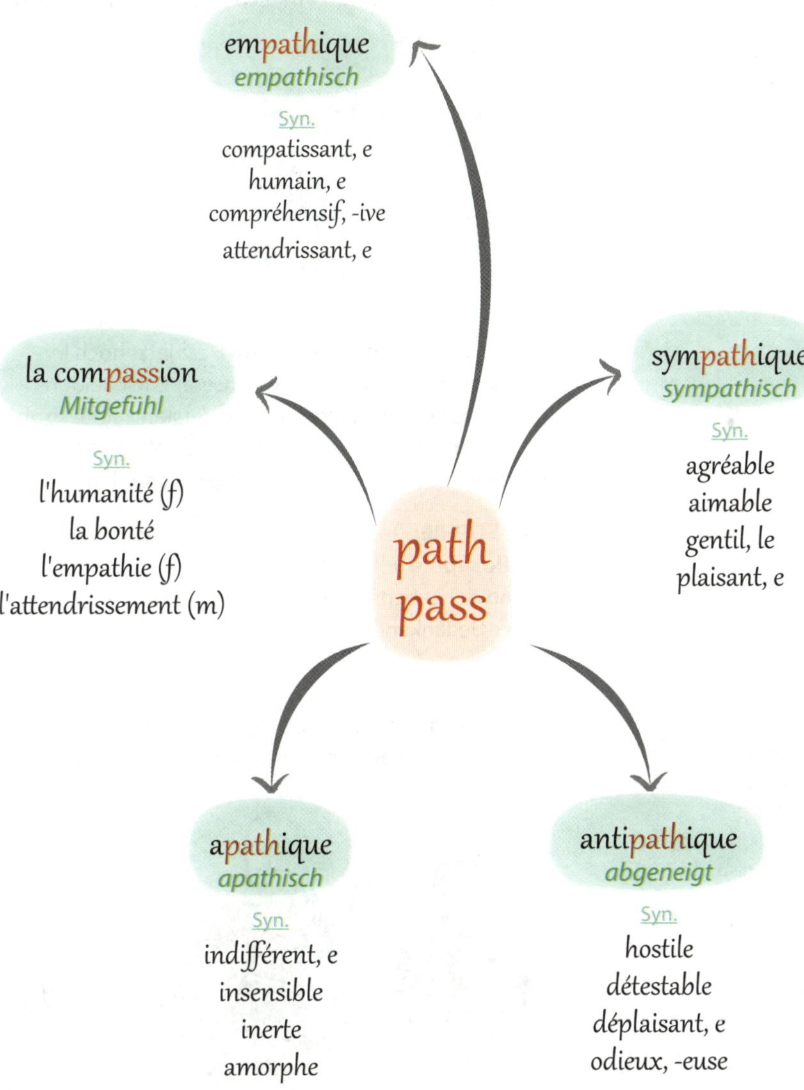

3.14 *Die „Herzen mit Verstand":*

Wir rutschen von unserem Herz jetzt hoch in unser Hirn, dorthin, wo wir jede unserer Entscheidungen treffen. Die Vokabelherzen mit Verstand sind: **soph**, **ment**, **mém**. Alle drei verbindet, dass sie Wörter beschreiben, die mit dem klaren Denken zu tun haben.

PHILOSOPHIE:
La philosophie (Philosophie) ist die Lehre der Wirklichkeit und der Lebensgesetze. Sie erforscht auch die Welt unserer Gedanken.

Philosoph/in

le/la philosophe
le/la penseur, -euse
le sage
le/la théoricien, ne
l'argumentateur, -trice

PHILOSOPHE:
Le philosophe heißt: Philosoph, Lebenskünstler. Er beschäftigt sich mit den Themen der Ethik, der Metaphysik und der Logik.

MENTAL – MENTALITÉ:
Le mental meint: seelisch, geistig. **La mentalité** beschreibt die Mentalität, also die Art und den Charakter, wie eine Person oder eine Gruppe denkt oder gestrickt ist.

Le déséquilibre mental drückt eine psychische Störung aus.

DÉMENT, E:
Dément heißt: irre, wahnsinnig, verrückt.

verrückt

dément, e
fou, folle
barge
dingue
cinglé, e

AIDE-MÉMOIRE:
Mit einem **aide-mémoire** kann man jemanden an etwas erinnern oder auf etwas hinweisen. Diese Aufgaben übernehmen beispielsweise Memozettel am Kühlschrank für uns.

Erinnerung

l'aide-mémoire (m)
le pense-bête
le mémento
l'antisèche (f)
le vade-mecum

REMÉMORER:

Remémorer bedeutet: erinnern. Durch das **re-** wird klar gemacht, dass etwas erneut geschieht. In diesem Fall ein Stups fürs **mém** (das Gehirn), sich wieder an etwas Bestimmtes zu erinnern.

„Remémore-moi tous les jours de te dire que je t'aime, s'il te plaît."
(„Bitte erinnere mich jeden Tag daran, dir zu sagen, dass ich dich liebe.")

erinnern

remémorer
rappeler
redire
évoquer
faire penser

MÉMOIRE:

La mémoire heißt: die Erinnerung. Die der drei schon gesetzten Herren an ihre gemeinsamen vergangenen wilden Zeiten zum Beispiel.

Erinnerung

la mémoire
le souvenir
le rappel
la réminiscence
la commémoration

Gedächtnis-Landkarte

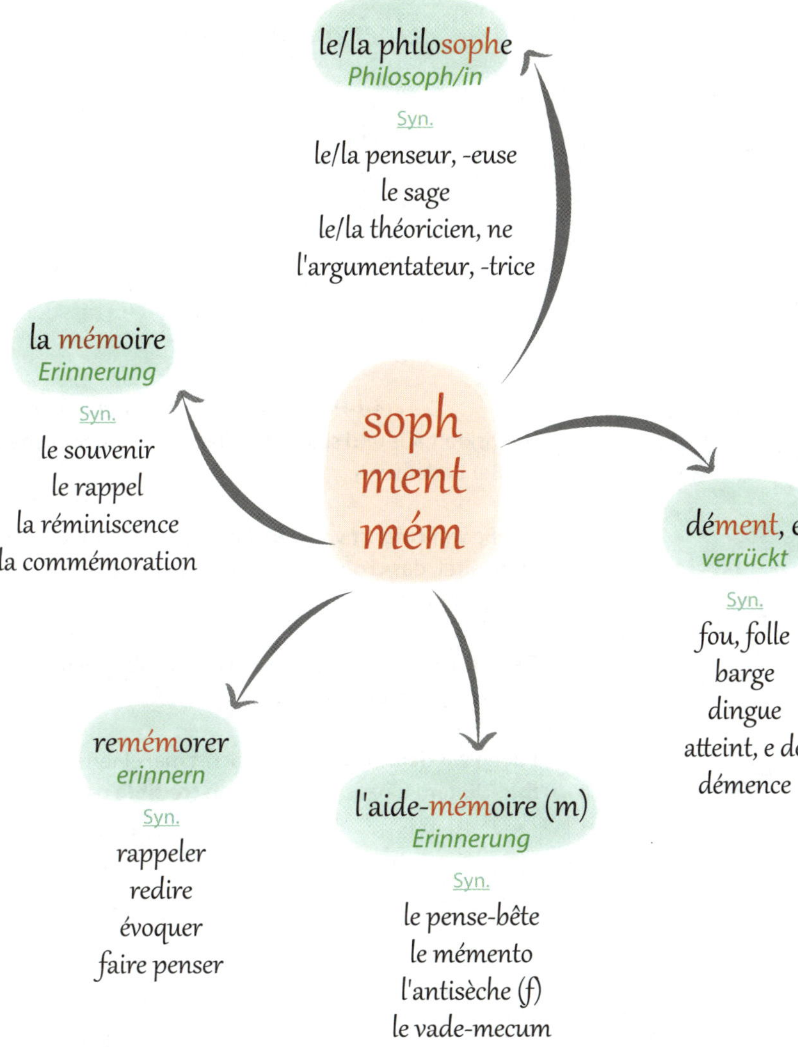

3.15 Die „Herzen mit Überzeugungskraft“:

Die **créd**-Herzen drücken eine starke Überzeugungskraft aus und sind in der französischen Sprache von großer Bedeutung.

Der Begriff **créd** ist von dem lateinischen Verb „credere“ abgeleitet, das **croire** (glauben) bedeutet. Klingt ein klein wenig ähnlich, nicht?

Der **créd-**Sinn drückt einen starken Glauben, eine große Überzeugung für etwas aus.

Fügen wir dem **créd**-Herz zunächst mal einen **ible**-Hintern hinzu. Dann wird ein **crédible** daraus.

CRÉDIBLE – INCROYABLE:

Crédible (glaubwürdig, glaubhaft), **incroyable** (unglaublich). Im Französischen gibt es bei der Verneinung des Wortes eine Sonderform. Normalerweise würden wir einfach ein **in**-Gesicht davor setzen. Das ist hier aber nicht der Fall. Die Verneinung von **crédible** lautet **incroyable**. Das Herz **croy** kommt von dem Infinitiv **croire.** Davor sitzt zur Verneinung das **in-** und als Popo das **able.**

CRÉDIT:

Das Wort **crédit** bedeutet: Kredit, Verdienst oder Guthaben bedeutet. Wenn jemand **crédit** bei uns hat, ist er glaubwürdig. Und wenn jemand bei uns seinen Kredit verspielt hat, hat er bei uns sein Ansehen verloren.

Die **carte de crédit** kennst du natürlich auch. Klar, damit ist die Kreditkarte gemeint, die uns etwas bargeldlos bezahlen lässt.

glaubwürdig

crédible
plausible
vraisemblable
croyable
fiable

unglaublich

incroyable
impensable
inimaginable
invraisemblable
inconcevable

Anerkennung

le crédit
la confiance
la réputation
l'importance (f)
la reconnaissance

DISCRÉDITER:

Und das Vokabelgesicht **dis-** macht die Bedeutung von **crédit** gegenteilig, denn **discréditer** meint: in Misskredit bringen.

in Misskredit bringen

discréditer
déshonorer
déconsidérer
disqualifier
dévaluer

„Attention, le chef est aussi rusé qu'un renard."
(„Nimm dich in Acht! der Chef ist ganz schön gerissen.")

Ich mache noch einmal einen Hüpfer zum Anfang des Buches.

Ich möchte dich noch einmal daran erinnern, dass wir fünf Möglichkeiten haben, uns Vokabeln besser, effektiver und andauernder zu merken: unsere fünf Vergissmeinnichtblättchen.

Eines der Vergissmeinnichtblättchen ist das Gegenteilwort. Dieses Blättchen wollen wir bei dem Wort **discréditer** jetzt anwenden.

ACCRÉDITER:

Das Gegenteil von **discréditer** lautet **accréditer**, was bedeutet: anerkennen, bestätigen.

Dabei wird das **ad**-Gesicht verwendet, was bedeutet, dass man sich etwas oder jemandem zuwendet.

In diesem Zusammenhang wurde das **ad**-Gesicht der Aussprache zuliebe in ein **ac**-Gesicht verwandelt.

„Le chef est très gentil."
(„Der Chef ist sehr nett.")

anerkennen, bestätigen

accréditer
approuver
reconnaître
certifier
agréer

Gedächtnis-Landkarte

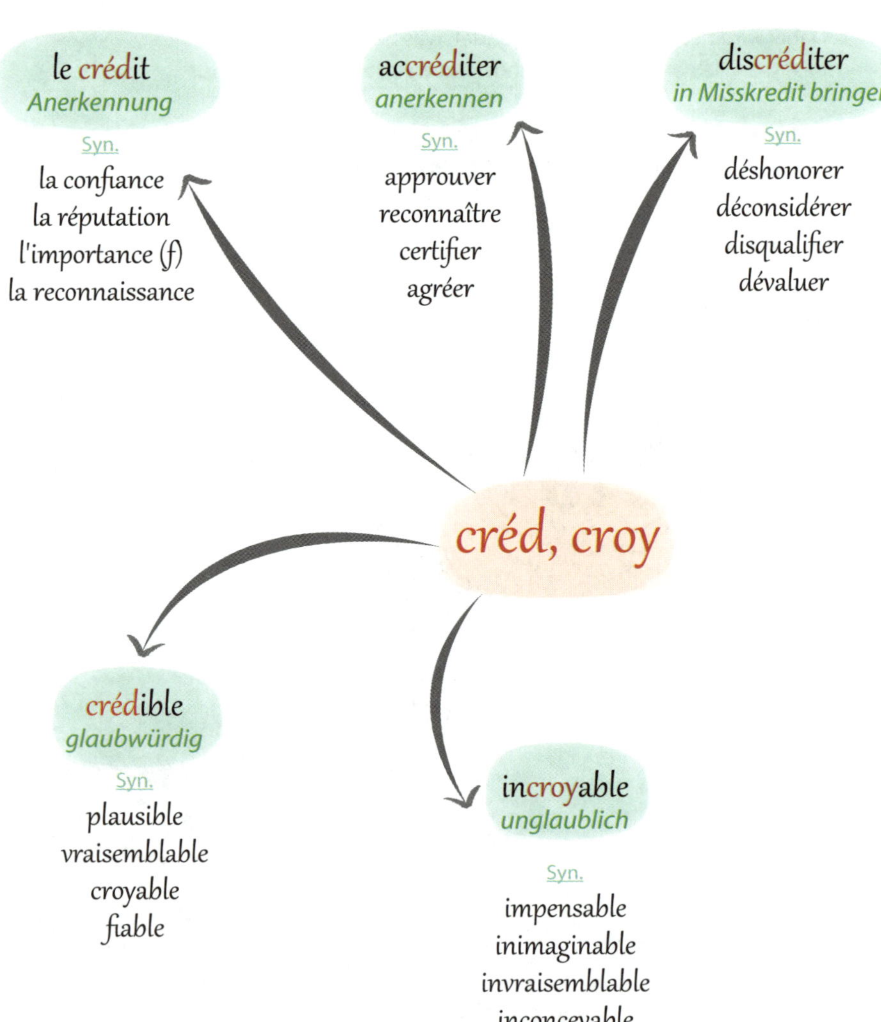

Und jetzt kommen sie!
Lange angekündigt und heiß ersehnt: die Hintern der Vokabeln. Wie viel Aufmerksamkeit schenken wir den menschlichen Hintern, wie sehr können wir uns an ihnen erfreuen! Heimlich oder offensichtlich.

Auch die Hintern der Vokabeln können hübsch und wohlgeformt sein, und sie sagen viel über die Wörter und ihre Bedeutung aus. Freu dich also auf das letzte Kapitel dieses Buches: das Kapitel über die Vokabelhintern.

1 -able, -ible
2 -ifier
SUPERVISEUR
3 -eur, -euse, -trice
4 -iste
5 -eux, -euse
6 -ant, -ante

4. Die Vokabelhintern

Die Vokabelhintern – oder drücken wir es zärtlich aus: die Popos der Vokabeln.

Unter den Menschen kommt eine Frage nie zur Ruhe: Die Frage danach, ob wir Menschen uns erst ins Gesicht schauen oder ob wir zuerst auf den Popo schielen, wenn wir uns das erste Mal begegnen.

Wie dem auch sei, ich weiß auch keine Antwort darauf, und ich entscheide ganz im Stillen, welchem Körperteil ich meine erste Aufmerksamkeit widme.

Aber ich behaupte es ganz geradeheraus: Es bedarf keiner Scham, sich den Hintern von Wörtern gleich im Voraus zuzuwenden, und es lohnt sich kolossal!

Der Vokabelpopo ist sehr verräterisch und aufschlussreich!

Es gibt verschiedene Vokabelhintern im Französischen. Wolltest du sie alle vollständig kennenlernen, würde es Monate dauern.

Ich habe die schönsten Popos für dich herausgesucht und gesammelt. Danken kannst du mir später dafür, jetzt geht es los damit:

Was, um Himmels willen, unterscheidet einen plumpen Worthintern von einem schönen Vokabelpopo?

Ganz einfach, der hübsche Vokabelpopo ist schlicht und eindeutig, und er klärt die Bedeutung eines Wortes.

4.1 Die „Fähigkeitspopos“:

-able, -ible

Klar, sobald du **-able** und **-ible** hörst, fällt es dir wie Schuppen aus den Haaren: Das hatten wir doch schon etliche Male im Buch und es ist eine lockere Wiederholung und Vertiefung für dich und nichts Neues.

Aber zum Vertiefen noch ein paar Beispiele, damit du es nie mehr vergessen kannst:

PENSABLE:
Zunächst zerpflücken wir das Wort **pensable** in das Herz **pens** (vom Infinitiv **penser** = denken) und in den Hintern **-able**. Übersetzt wird also ein „denk-fähig“ daraus, also ein „denkbar“.

denkbar

pensable
concevable
imaginable
compréhensible
intelligible

Durch die Kombination von Herz und Hintern hat man die richtige Übersetzung und den korrekten Sinn des Wortes gefunden ,ohne das Wort vorher gelernt zu haben.

Unser nächstes Beispiel bezieht sich auf Dinge, die wir essen oder trinken können. Neben der Betrachtung eines hübschen Popos auch eine reizvolle Sache, nicht wahr?

BUVABLE:
Buv kommt von dem Infinitiv **boire** (trinken). Mit dem Fähigkeitspopo -**able**, wird das, wovon wir sprechen, „trinkbar".

trinkbar

buvable
potable
consommable
absorbable
propre

MANGEABLE:
Um das Essen für den Menschen „essbar" zu machen, müssen wir wie bei dem vorigen Beispiel an das **manger** (essen) bzw. an das **mange** nur ein **-able** (fähig) hängen. Heraus kommt das Wort **mangeable**.

essbar

mangeable
comestible
consommable
bouffable
bon, ne

FIABLE:

Das nächste Beispiel mit einem **able**-Hintern bezieht sich auf das Wort **se fier** (sich verlassen auf). Durch den **able**-Popo wird das, worüber wir sprechen, **fiable** (zuverlässig, vertrauenswürdig).

zuverlässig

fiable
performant, e
consistant, e
crédible
sûr, e

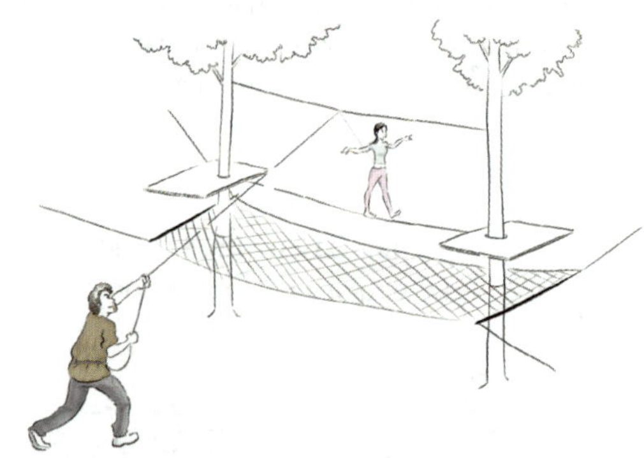

CASSABLE:

Wenn wir unserem nächsten Wortbeispiel **casser** (brechen, zerbrechen) bzw. **cass** einen **able**-Popo anhängen, wird daraus ein **cassable**, also ein „zerbrechlich".

zerbrechlich

cassable
fragile
délicat, e
friable
destructible

Jetzt wenden wir uns einem anderen Hintern mit gleicher Bedeutung zu: dem -**ible**.

INDESCRIPTIBLE:

Das Herz **descript** ist eine leichte Abwandlung von dem Infinitiv **décrire** (beschreiben). Davor steht das Kopfschüttelgesicht **in-** und dahinter der Fähigkeitspopo **-ible**. Alle drei zusammen meinen etwas, das nicht zu beschreiben, also „unbeschreiblich" ist.

unbeschreiblich

indescriptible
inexprimable
indéfinissable
inimaginable
inouï, e

PRÉVISIBLE – IMPRÉVISIBLE:

Pflücken wir die Bestandteile des Wortes zum Verstehen auseinander. Eigentlich weißt du alles schon, was ich sage. Du bist schon ein halber Profi. **Pré-** heißt „vor", **vis** bedeutet „sehen", **-ible** ist der Fähigkeitspopo, und alles zusammen bedeutet: vorsehbar, berechenbar. Und mit einem Kopfschüttel-**im** davor wird es „unberechenbar". Diese Herleitung ist doch pure Zauberei, wenn man sie einmal begriffen hat, und völlig berechenbar, oder?

La météo est imprévisible.
(Das Wetter ist unberechenbar.)

berechenbar		*unberechenbar*
prévisible	≠	imprévisible
plausible		inattendu, e
devinable		imprévu, e
vraisemblable		surprenant, e
probable		insoupçonné, e

Gedächtnis-Landkarte

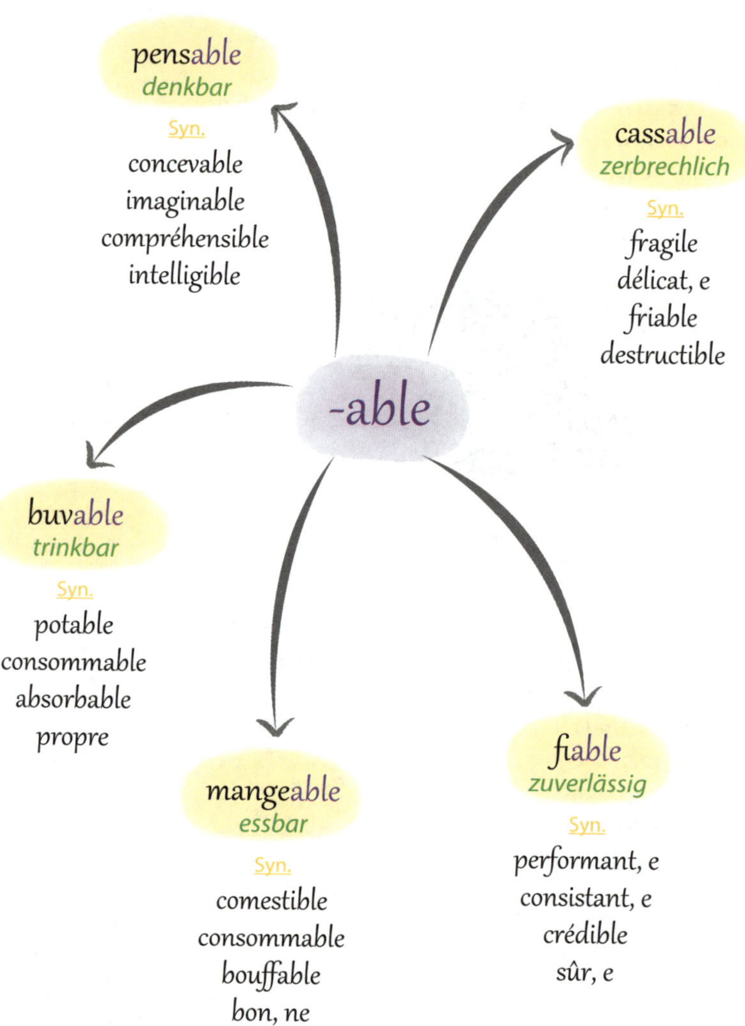

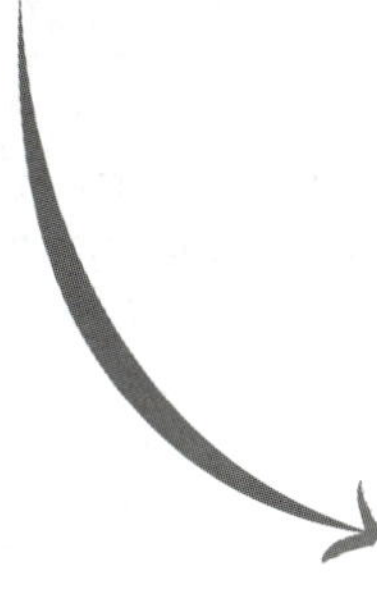

descriptible ≠ indescriptible
beschreibbar — unbeschreiblich

Syn.	Syn.
énonçable	inexprimable
déclarable	indéfinissable
nommable	inimaginable
qui peut être décrit	inouï, e

prévisible ≠ imprévisible-
berechenbar — unberechenbar

Syn.	Syn.
plausible	inattendu, e
devinable	imprévu, e
vraisemblable	surprenant, e
probable	insoupçonné, e

4.2 Der „Hintern mit Blitzstarter“:

Wenn etwas in die Gänge kommen soll, kannst du die Hintern mit Blitzstarter nutzen. Diese erkennst du am **ifier-**Aussehen.

Mit diesen Hintern wird oft eine qualitative Steigerung erzeugt. Mit der Verwendung des Blitzstarter-Hinterns bist du auch in der Lage, ein Nomen in ein Verb zu verwandeln.

AMPLIFIER:

Ample heißt: reichlich, üppig, füllig. **Amplifier** meint den Akt des Vergrößerns, Erweiterns, Verstärkens von etwas.

vergrößern

amplifier
augmenter
pousser
booster
intensifier

CLARIFIER:

Ist etwas unklar und undurchsichtig, benötigt es oft einer Klärung. Das Wort **clair** (klar) kann mit einer geringen Abwandlung und dem Popo **-ifier** zu **clarifier** (klären) werden und du blickst wieder durch. Das dazu passende Synonym lautet zum Beispiel **expliquer** (erklären).

klären, erklären

clarifier
éclaircir
expliquer
élucider
décanter

reinigen, säubern

purifier
assainir
filtrer
purger
désinfecter

PURIFIER:

Pur heißt: rein, sauber. Simsalabim, mit dem **ifier**-Hintern entsteht das „Reinigen" daraus.

identifizieren

identifier
repérer
coincer
remarquer
reconnaître

IDENTIFIER:

Zu guter Letzt gehört noch das Wörtchen **identifier** (identifizieren) in diese Kategorie hinein. Damit klärt man die Identität von jemandem oder von etwas.

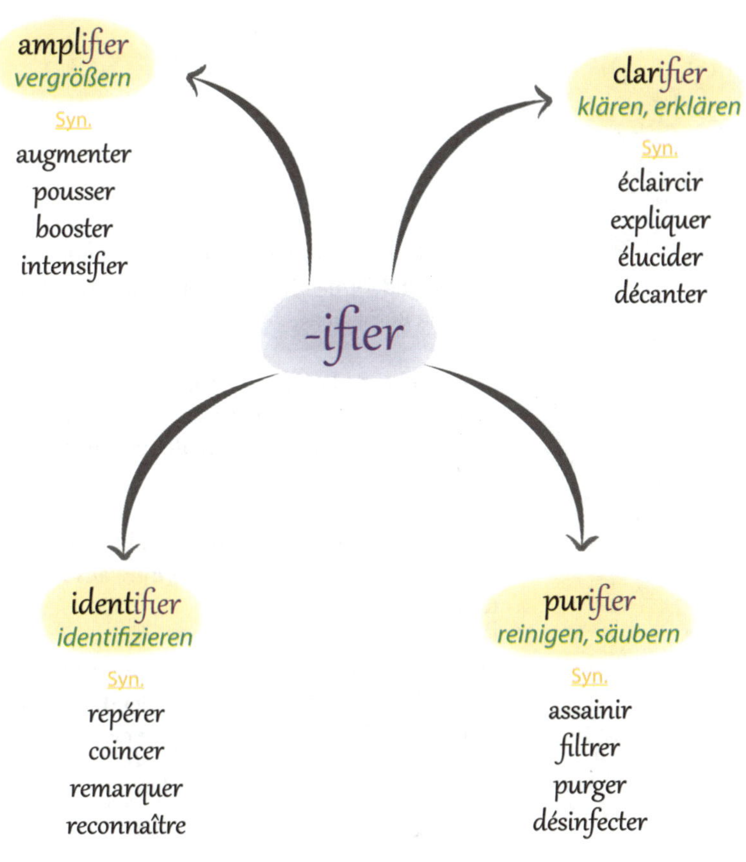
amplifier
vergrößern
Syn.
augmenter
pousser
booster
intensifier
clarifier
klären, erklären
Syn.
éclaircir
expliquer
élucider
décanter
-ifier
identifier
identifizieren
Syn.
repérer
coincer
remarquer
reconnaître
purifier
reinigen, säubern
Syn.
assainir
filtrer
purger
désinfecter

4.3 Die „Personifizier-Hintern“:

Himmel, wer ist das denn? Der klingt ja furchtbar offiziell und formal. Sicherlich ein hohes Tier, ein Offizier oder ein Bürokrat?

Keine Sorge, du kennst ihn schon längst und hast ihn bereits verstanden und verinnerlicht. Und das geschah ganz nebenbei in den anderen Beispielen weiter vorne im Buch.

Der Personifizier-Hintern klingt viel aufregender, als er ist. Erkennen kann man ihn am **eur**-, **euse**- oder **trice**-Hintern.

Spätestens jetzt fällt bei dir der Groschen. Klar, kennst du ihn. Sobald du ein **-eur**, **-euse** oder **-trice** an eine Tätigkeit hängst, klärst du, welche Person oder Sache dahinter steht.

SUPERVISEUR:

Superviser heißt: beaufsichtigen, aufpassen, kontrollieren. Deswegen nennt man denjenigen, der dieses Amt ausführt, **superviseur.**

Supervisor/in

le/la superviseur, -euse
l'administratif, -ive
le/la conseiller, -ière
le/la gérant, e
le/la responsable

JOUEUR, -EUSE:

Vom Wort **jouer** (spielen) abgeleitet ist der **joueur** (Spieler), also jemand, der gerne spielt oder Sport treibt.

Spieler/in

le/la joueur, -euse
l'équipier, -ière
le/la sportif, -ive
le/la prétendant, e
le challenger

AIDEUR, -EUSE:

Der **aideur** (Helfer) ist jemand, der anderen bei etwas hilft, na klar, weil es von dem Wort **aider** (helfen) abgeleitet ist. Nette Synonyme für den **aideur** wären zum Beispiel: **l'assistant**, **l'auxiliaire**, **l'adjoint** oder **l'aide**.

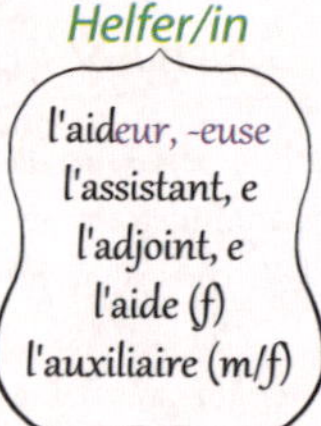
Helfer/in

l'aideur, -euse
l'assistant, e
l'adjoint, e
l'aide (f)
l'auxiliaire (m/f)

ENTRAÎNEUR, -EUSE:

Entraîner heißt: trainieren. In dem Wort steckt der **train**, der Zug, der einen mitnimmt, der einen zieht. Mit dem Personifizierpopo **-eur** oder **-euse** (je nachdem, ob die Person männlich oder weiblich ist) entsteht ein super Trainer daraus, der dich mit seinem Wissen und Können zu einem Champion macht .

Trainer/in

l'entraîneur, -euse
l'instructeur, -trice
l'animateur, -trice
le meneur, -euse
le/la coach

LUTTEUR, -EUSE:

Der **lutteur** (Kämpfer) bezieht sich auf eine Person oder auf ein Tier, das kämpft.

Kämpfer/in

le/la lutteur, -euse
le/la rival, e
le/la combattant, e
le/la concurrent, e
le/la compétiteur, -trice

SCULPTEUR, -TRICE:

Ein **sculpteur** (Bildhauer) ist ein Künstler, der Skulpturen herstellt.

Bildhauer/in

le/la sculpteur, -trice
le statuaire
le/la graveur, -euse
le/la modeleur, -euse
le/la ciseleur, -euse

Gedächtnis-Landkarte

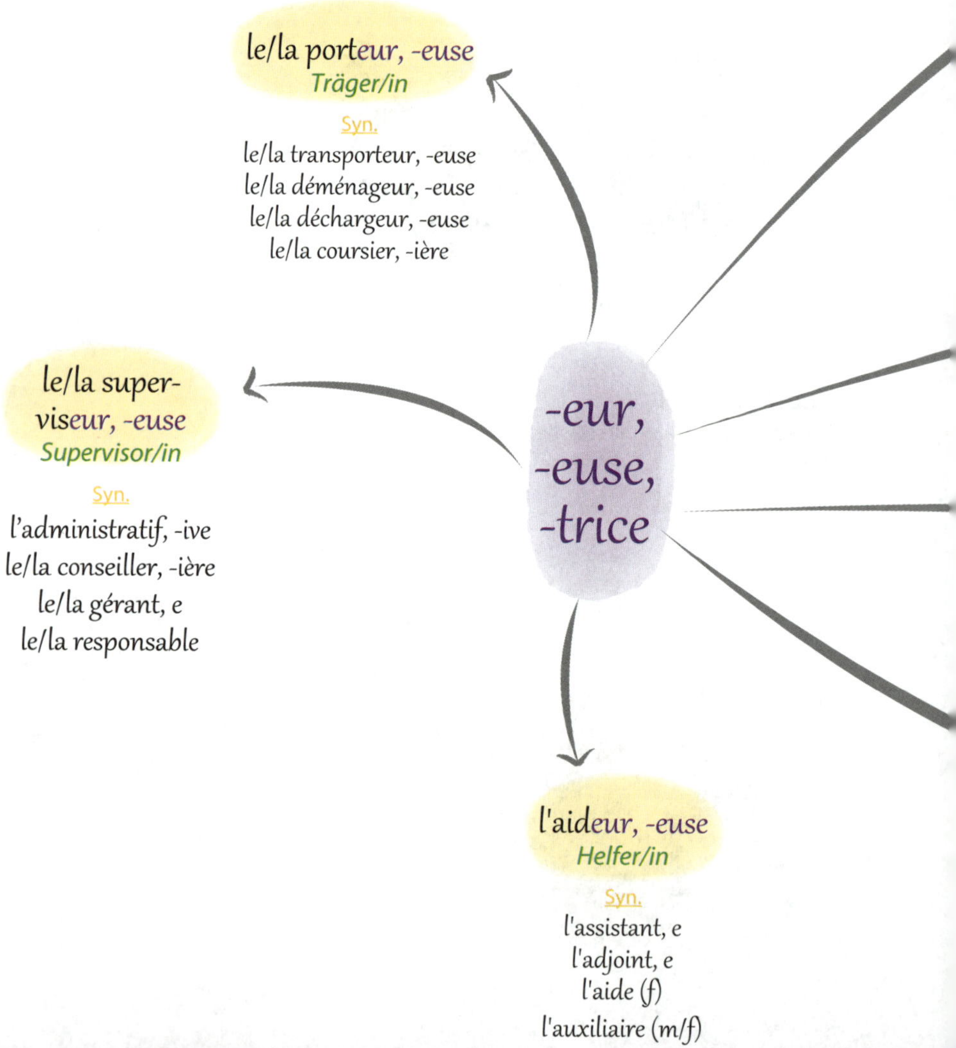

-eur, -euse, -trice

le/la porteur, -euse
Träger/in

Syn.
le/la transporteur, -euse
le/la déménageur, -euse
le/la déchargeur, -euse
le/la coursier, -ière

le/la superviseur, -euse
Supervisor/in

Syn.
l'administratif, -ive
le/la conseiller, -ière
le/la gérant, e
le/la responsable

l'aideur, -euse
Helfer/in

Syn.
l'assistant, e
l'adjoint, e
l'aide (f)
l'auxiliaire (m/f)

l'entraîneur, -euse
Trainer/in

Syn.
l'instructeur, -trice
l'animateur, -trice
le meneur, -euse
le/la coach

le/la joueur, -euse
Spieler/in

Syn.
l'équipier, -ière
le/la sportif, -ive
le/la prétendant, e
le challenger

le/la lutteur, -euse
Kämpfer/in

Syn.
le/la rival, e
le/la combattant, e
le/la concurrent, e
le/la compétiteur, -trice

le sculpteur, -trice
Bildhauer/in

Syn.
le statuaire
le/la graveur, -euse
le/la modeleur, -euse
le/la ciseleur, -euse

4.4 Der „Profi-Hintern“:

Jetzt möchte ich der Gruppe der Profis noch ein kleines Kapitel widmen. Man erkennt diese an ihrem **iste**-Hintern.

SPÉCIALISTE:
Le spécialiste ist jemand, der sich auf einen bestimmten Bereich spezialisiert hat.

Spezialist/in

le/la spécialiste
l'expert, e
le/la profes-sionnel, le
le/la connaisseur, -euse
le/la technicien, ne

JOURNALISTE:

Der journaliste schreibt **tous les jours** (jeden Tag) die Nachrichten im **journal** (Journal). Er ist also der Profi im Schreiben der Tageszeitung.

Journalist/in

le/la journaliste
le/la chroniqueur, -euse
le/la correspondant, e
le/la commentateur, -trice
le/la rédacteur, -trice

ALPINISTE:

Der Profi in den Alpen ist der **alpiniste**, also der Bergsteiger.

Bergsteiger/in

l'alpiniste (m/f)
le/la montagnard, e
le/la grimpeur, -euse
le/la varappeur, -euse
l'ascensionniste (m/f)

Gedächtnis-Landkarte

-iste

le/la spécialiste
Spezialist/in

Syn.

l'expert, e
le/la professionnel, le
le/la connaisseur, -euse
le/la technicien, ne

l'alpiniste (m/f)
Bergsteiger/in

Syn.

le/la montagnard, e
le/la grimpeur, -euse
le/la varappeur, -euse
l'ascensionniste (m/f)

le/la journaliste
Journalist/in

Syn.

le/la chroniqueur, -euse
le/la correspondant, e
le/la commentateur, -trice
le/la rédacteur, -trice

4.5 Die „Jede-Menge-Hintern“:

-eux, -euse

Was heißt das denn? Im Französischen wird häufig der Popo **-eux, -euse** verwendet, um auszudrücken, dass es eine Fülle, eine Menge von dem Besagten gibt. Hier ein paar Beispiele dafür:

MÉTICULEUX, -EUSE:
Eine Art Steigerung von **méticu** (genau, exakt) ist **méticuleux**. Damit ist gemeint: gründlich, akribisch. Der Schweizer Uhrmacher ist ein Paradebeispiel für diesen Begriff.

Il fait un travail méticuleux.
(Er macht eine akribische Arbeit.)

gründlich, akribisch

méticuleux, -euse
minutieux, -euse
pointilleux, -euse
attentif, -ive
appliqué, e

teuer

coûteux, -euse
onéreux, -euse
cher, chère
payant, e
ruineux, -euse

COÛTEUX, -EUSE:

Coûter heißt: kosten. Wenn etwas viel kostet, nennt man das **coûteux** (teuer).

wunderbar

miraculeux, -euse
magique
phénoménal, e
merveilleux, -euse
fantastique

MIRACULEUX, -EUSE:

Miracle ist das Wunder. Treffen davon einige zusammen, haben wir eine Anhäufung von Wundern, was **miraculeux** (wunderbar) ist.

MONTAGNEUX, -EUSE:

Eine Ansammlung von **montagnes** (Bergen) ist **montagneux** (gebirgig). So einfach ist es.

La Suisse est un pays montagneux.
(Die Schweiz ist ein gebirgiges Land.)

gebirgig

montagneux, -euse
montueux, -euse
vallonné, e
alpestre
alpin, e

NOMBREUX, -EUSE:

„Weißt du wie viel Sternlein stehen, an dem hohen Himmelszelt?" Nein, nein, niemand kennt die Anzahl der Sterne, da sie **nombreux** (zahllos) sind.

zahllos, unzählig

nombreux, -euse
innombrable
incalculable
indénombrable
considérable

nombreux, -euse
innombrable
incalculable
indénombrable
considérable

beaucoup
énormément
en masse
à foison
plantureusement

profusément
bigrement
à la pelle
à haute dose
en abondance

zahllos

extrêmement
fortement
prodigieusement
amplement
passablement

en quantité
en tas
à flots
à l'infini
excessivement

viel

unzählig

Gedächtnis-Landkarte

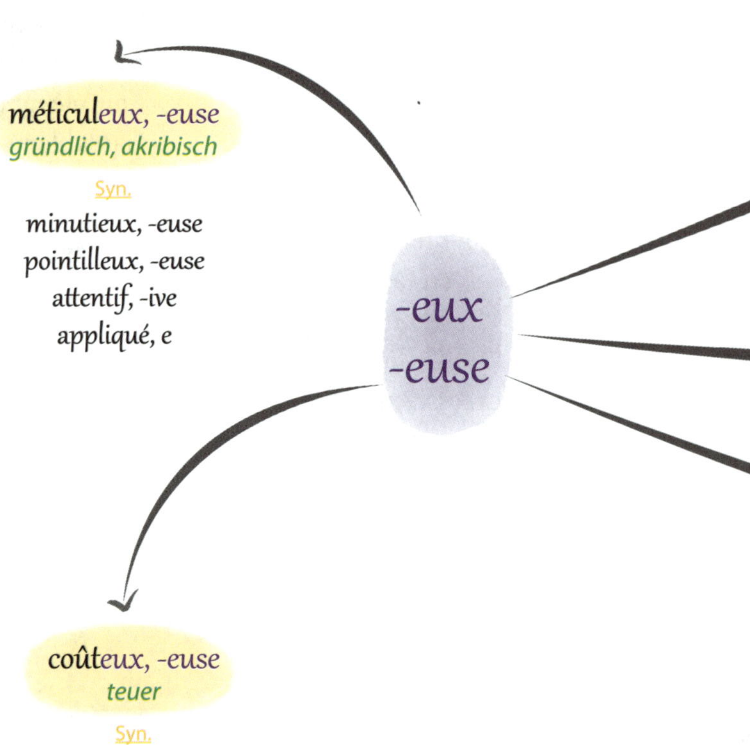

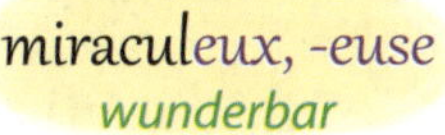

miraculeux, -euse
wunderbar

Syn.
magique
phénoménal, e
merveilleux, -euse
fantastique

montagneux, -euse
gebirgig

Syn.
montueux, -euse
vallonné, e
alpestre
alpin, e

nombreux, -euse
zahllos

Syn.
innombrable
incalculable
indénombrable
considérable

4.6 Die „Eigenschafts-Hintern“:

-ant, -ante

Der Eigenschafts-Hintern zaubert aus einem Verb ein Adjektiv. Das ist zwar weniger süß als der vorherige Popo, aber nicht unwichtig. Bei dem Eigenschafts-Hintern wird entsprechend des Geschlechts ein **-ant** (männlicher Popo) oder ein **-ante** (weiblicher Popo) angehängt.

CHARMANT, E:
Die Schönheitskönigin ist ohne Zweifel **charmante** (schön) und erhält dafür tosenden Applaus und Bewunderung.

schön

charmant, e
ravissant, e
fascinant, e
séduisant, e
aguichant, e

AMUSANT, E:

Das Spielen auf dem Spielplatz ist für die Kinder **amusant** (lustig). Dieses Adjektiv kommt von dem Verb **amuser.**

lustig

amusant, e
divertissant, e
comique
délassant, e
rigolo

EMBÊTANT, E:

So ein kläffender Hund vor der Nase ist ganz schön **embêtant** (ärgerlich).

ärgerlich

embêtant, e
ennuyeux, -euse
lassant, e
agaçant, e
contrariant, e

INTÉRESSANT, E:
Dem Bücherwurm sieht man an, wie **intéressant** (interessant) er das findet, was er gerade liest.

interessant

intéressant, e
passionnant, e
captivant, e
fascinant, e
palpitant, e

ÉPATANT, E:
So ein faszinierendes Bühnenspektakel ist **épatant** (großartig), nicht wahr?

großartig

épatant, e
formidable
sensationnel, le
remarquable
merveilleux, -euse

ACCUEILLANT, E:
Der junge Mann wird mit einem großen Hallo begrüßt. Das ist für ihn sehr **accueillant** (einladend).

einladend, freundlich

accueillant, e
hospitalier, -ière
cordial, e
aimable
affable

PLAISANT, E:
Wieder anders ist diese Situation. Strand, Hängematte, ein Cocktail und viel Zeit, das kann man als sehr **plaisant** (angenehm) bezeichnen.

angenehm

plaisant, e
agréable
drôle
distractif, -ive
gai, e

Gedächtnis-Landkarte

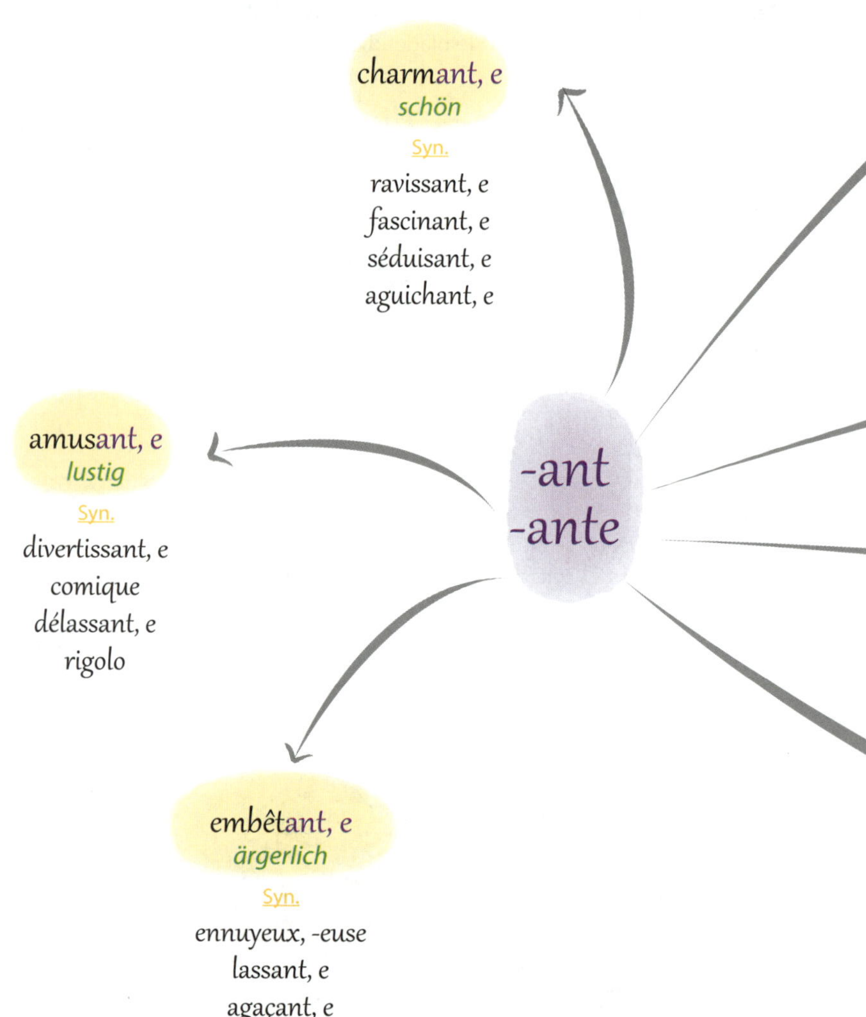

intéressant, e
interessant

Syn.

passionnant, e
captivant, e
fascinant, e
palpitant, e

épatant, e
großartig

Syn.

formidable
merveilleux, -euse
sensationnel, le
remarquable

accueillant, e
einladend, freundlich

Syn.

hospitalier, -ière
cordial, e
aimable
affable

plaisant, e
angenehm

Syn.

agréable
drôle
distractif, -ive
gai, e

5. Temperament und Charakter: Unser ganz persönliches Lebensdrama

Am Ende dieses Buches wenden wir uns ein paar Vokabelgruppen aus einem anderen, sehr lebensnahen Bereich zu.

Wir schauen uns gemeinsam den Schauplatz unseres Lebens an. Dieser Schauplatz entsteht und lebt von unseren Reaktionen, unserem Verhalten und Benehmen. Und dies alles sprudelt aus der tiefen Quelle unseres Soseins, aus dem Temperament und dem Charakter eines jeden einzelnen Menschen.

Aus all dem, wie wir mit anderen und mit uns selber umgehen, entsteht der unerschöpfliche Fluss. Weil dieser Fluss, unser alltägliches Lebensdrama, so bedeutend ist, sollten wir auch die wichtigsten Vokabeln dazu kennen und mit ihnen vertraut sein.

Das Wort „Temperament" kommt vom lateinischen „temperamentum" und bedeutet: das richtige Maß, die richtige Mischung, Mittelweg.

Kennst du die vier Temperamente, die die Basis unseres Verhaltens, unseres Charakters ausmachen?

Es gibt den Choleriker, den Sanguiniker, den Phlegmatiker und den Melancholiker. Falls du deren Unterschiede jetzt nicht gleich greifbar hast, erkläre ich sie dir einmal in Kurzform:

Der Choleriker: Das Wort wird aus dem griechischen Wort für „Galle" abgeleitet. Und der Spruch „Dir kocht die Galle über" passt ganz gut, denn der Choleriker in Reinform ist sofort auf hundert, schnell zornig, aufbrausend und geht beim geringsten Anlass in die Luft.

Aber alles hat seine zwei Seiten. Deswegen hat der Choleriker nicht nur diese für ihn und seine Umgebung schwierigen Züge, sondern er ist gleichzeitig überaus zielstrebig, tatkräftig und mutig. Und er ist oft eine sehr gute Führungsperson.

Der Sanguiniker: Dieser Begriff leitet sich vom griechischen Wort für „Blut" ab. Der Sanguiniker ist ein lustiges, heiter tänzelndes Wesen, stets von Neuem total begeistert und beflügelt.

Wenn er von etwas hingerissen ist, kann er andere ganz schön mitreißen. Allerdings neigt er durch seine ständig wechselnden Feuer für Dinge und Menschen zu Untreue und zu Oberflächlichkeit.

Der Phlegmatiker: Er erhielt seinen Namen von dem griechischen Wort für „Schleim". Von der Eigenart des Schleims trägt er auch eine ganze Menge in seinem Wesen, denn er ist träge, schwerfällig und zäh. Er hat eher weniger eigene Interessen. Dafür kann man sich von ihm eine Scheibe abschneiden, wenn es um Geduld und Ruhe geht. Davon hat er jede Menge zu bieten.

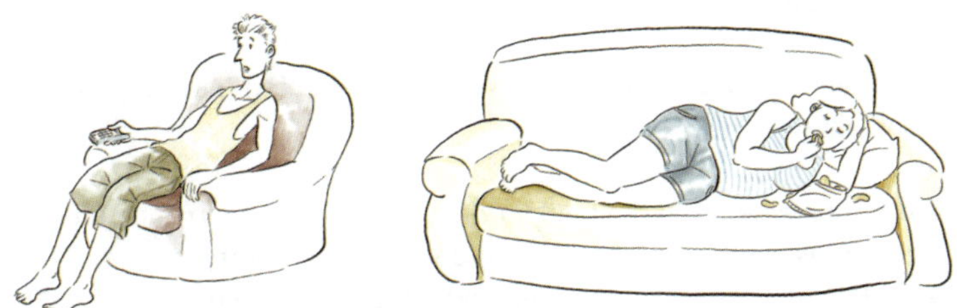

Der Melancholiker: Sein Name leitet sich vom griechischen Wort für „schwarzgallig" ab. Er ist Schwarzseher schlechthin, alles erscheint ihm schwierig, traurig, trübsinnig. Er ist mutlos und permanent am Zweifeln. Aber auch er hat, wie die anderen Temperamente, ebenso viele gute wie schlechte Eigenarten.

Denn er ist ein Meister in Ausdauer und Verlässlichkeit, und er kann so herrlich mit anderen mitleiden. Dabei seufzt und klagt er gerne über jedes Unheil und Unglück, egal ob es um sein eigenes oder das eines anderen geht.

Dies war eine Kurzfassung der Eigenarten der vier Temperamente. Aber schließlich kommen sie ja nie in Reinform vor. Jeder von uns trägt immer eine Mischung aus mehreren Temperamenten mit unterschiedlichen Anteilen in sich.

Im Folgenden wollen wir uns mit Vokabeln beschäftigen, die aus diesen bunten Mischungen entstehen.

Sicherlich wirst du dich bei der einen oder der anderen Mischung selber in deinem Verhalten wiedererkennen.

Es ist gut, sein eigenes Verhalten zuordnen zu können, denn dann haben die negativen Eigenschaften oft weniger Wirkung, und man kann an der einen oder der anderen Eigenschaft vielleicht sogar bewusst etwas ändern.

Wie steht es zum Beispiel um die Unlust, Vokabeln zu lernen? Wenn man sich selber kennt, kann man das ein oder andere Drama in seinem Leben abschwächen oder bewusst zum Guten verändern.

Die hilfreichen Eigenschaften des Cholerikers:

1. déterminé, e *(zielstrebig)*

2. courageux, -euse *(mutig)*

3. sûr, e de soi *(selbstbewusst)*

zielstrebig

déterminé, e
résolu, e
décidé, e
convaincu, e
intrépide

mutig

courageux, -euse
brave
valeureux, -euse
audacieux, -euse
vaillant, e

selbstbewusst

sûr, e de soi
confiant, e
certain, e
assuré, e
affirmé, e

Die schwierigen Eigenschaften des Cholerikers:

1. en colère *(zornig, wütend)*

2. coléreux, -euse *(aufbrausend)*

3. dominant, e *(bestimmend)*

zornig, wütend

en colère
furieux, -euse
fâché, e
énervé, e
irrité, e

aufbrausend

coléreux, -euse
soupe au lait
irascible
rageur, -euse
qui s'emporte facilement

bestimmend

dominant, e
autoritaire
prépondérant, e
impérieux, -euse
surplombant, e

Die hilfreichen Eigenschaften des Sanguinikers:

1. **imaginatif, -ive** *(ideenreich)*
2. **vivant, e** *(lebhaft)*
3. **astucieux, -euse** *(pfiffig)*

ideenreich

imaginatif, -ive
inventif, -ive
visionnaire
perspicace
ingénieux, -euse

heiter

vivant, e
animé, e
actif, -ive
vif, vive
fringant, e

pfiffig

astucieux, -euse
rusé, e
futé, e
brillant, e
intelligent, e

Die schwierigen Eigenschaften des Sanguinikers:

1. **versatile** *(sprunghaft)*
2. **superficiel, le** *(oberflächlich)*
3. **agité, e** *(rastlos)*

sprunghaft

versatile
changeant, e
capricieux, -euse
inconstant, e
instable

oberflächlich

superficiel, le
frivole
puéril, e
simpliste
léger, -ère

rastlos

agité, e
tourmenté, e
turbulent, e
tumultueux, -euse
mouvementé, e

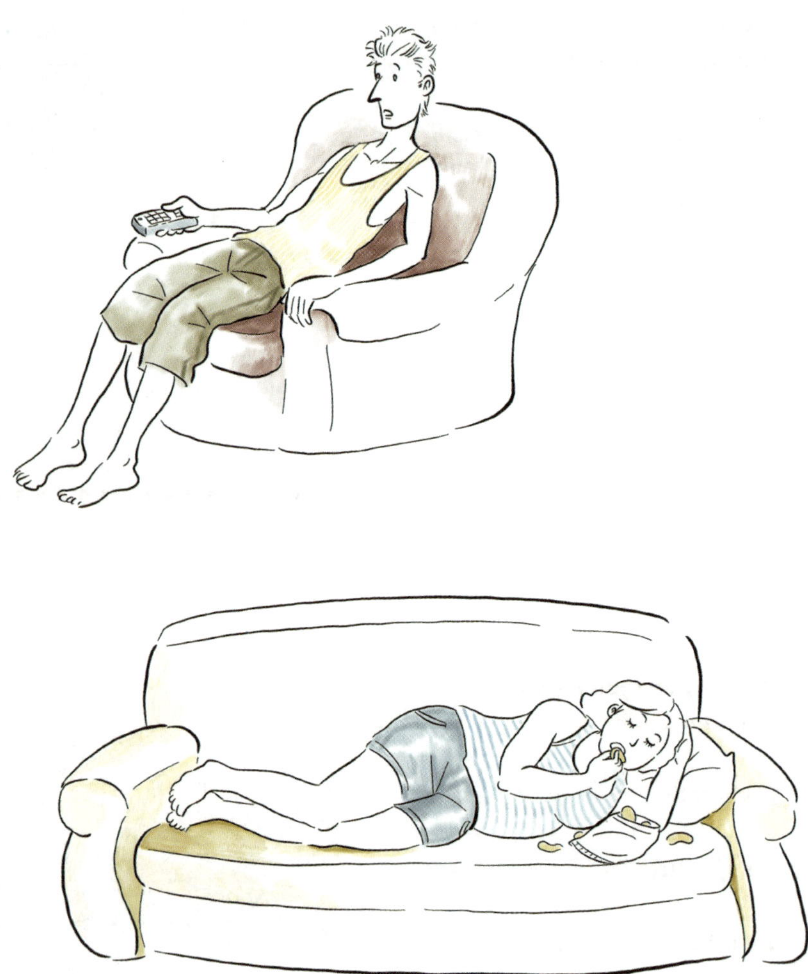

Die hilfreichen Eigenschaften des Phlegmatikers:

1. réconfortant, e *(beruhigend)*

2. patient, e *(geduldig)*

3. constant, e *(beständig)*

beruhigend

réconfortant, e
rassurant, e
apaisant, e
revigorant, e
calmant, e

geduldig

patient, e
persévérant, e
résigné, e
assidu, e
endurant, e

beständig

constant, e
persistant, e
inébranlable
stable
immuable

Die schwierigen Eigenschaften des Phlegmatikers:

1. paresseux, -euse *(träge)*

2. impuissant, e *(kraftlos)*

3. indifférent, e *(desinteressiert)*

träge

paresseux, -euse
fainéant, e
nonchalant, e
flemmard, e
oisif, -ive

kraftlos

impuissant, e
faible
inefficace
incapable
incompétent, e

desinteressiert

indifférent, e
insensible
impassible
insouciant, e
apathique

Die hilfreichen Eigenschaften des Melancholikers:

1. sensible *(einfühlsam)*

2. profond, e *(tiefgründig)*

3. fiable *(verlässlich)*

einfühlsam

sensible
compatissant, e
compréhensible
perceptible
attentionné, e

tiefgründig

profond, e
intense
sincère
sérieux, -euse
qui vient du fond du cœur

verlässlich

fiable
crédible
sûr, e
loyal, e
fidèle

Die schwierigen Eigenschaften des Melancholikers:

1. triste *(traurig)*

2. découragé, e *(mutlos)*

3. douteux, -euse *(zweifelnd)*

traurig

triste
malheureux, -euse
morose
abattu, e
mélancolique

mutlos

découragé, e
démoralisé, e
effondré, e
désabusé, e
las, se

zweifelnd

douteux, -euse
louche, e
ambigu, e
incertain, e
suspect, e

Jetzt, nachdem du die wesentlichen Eigenschaften der Temperamente auch auf Französisch kennst, haben sie dich nicht mehr im Griff, sondern du sie.

Du kannst sie dir zunutze machen und deine Lebensbühne nach eigenem Belieben damit würzen, salzen und pfeffern. Und du wirst gelassener mit den Auswirkungen der Temperamente anderer umgehen können.

Ich habe noch eine hübsche Zusatzübung für dich, bei der du dein Wissen selber überprüfen kannst und du zusätzlich noch tolle neue Vokabeln lernst.

Hier kommen unsortiert eine Reihe von wertvollen Verhaltensvokabeln. Versuch diese doch einmal selbst den unterschiedlichen Temperamenten zuzuordnen.

Schreib einfach einen Buchstaben (C für cholerisch, S für sanguinisch, P für phlegmatisch und M für melancholisch) hinter jede Vokabel.

Damit bereicherst du deinen Wortschatz und dein Wissen um menschliches Verhalten. Du gewinnst also auf zwei Ebenen.

agressif, -ive = aggressiv **inoffensif, -ive** = unaggressiv

aggressiv		unaggressiv
agressif, -ive	≠	inoffensif, -ive
violent, e		bienveillant, e
combatif, -ive		paisible
batailleur, -euse		doux, douce
querelleur, -euse		pacifique

têtu, e = stur **docile** = fügsam

stur		fügsam
têtu, e	≠	docile
entêté, e		maniable
obstiné, e		obéissant, e
tenace		soumis, e
opiniâtre		influençable

arrogant, e = arrogant **humble** = demütig

arrogant		demütig
arrogant, e	≠	humble
hautain, e		modeste
vaniteux, -euse		réservé, e
dédaigneux, -euse		résigné, e
prétentieux, -euse		respectueux, -euse

égoïste = egoistisch **généreux, -euse** = großzügig

egoistisch		großzügig
égoïste	≠	généreux, -euse
égocentrique		charitable
individualiste		abondant, e
narcissique		fraternel, le
avare		prodigue

boudeur, -euse = schmollend **joyeux, -euse** = fröhlich

schmollend		fröhlich
boudeur, -euse	≠	joyeux, -euse
maussade		gai, e
qui fait la tête		épanoui, e
grognon, ne		réjoui, e
renfrogné, e		jovial, e

timide = scheu **sûr, e de soi** = selbstbewusst

scheu		selbstbewusst
timide	≠	sûr, e de soi
hésitant, e		ouvert, e
angoissé, e		assuré, e
craintif, -ive		hardi,e
timoré, e		certain, e

asocial, e = ungesellig **sociable** = gesellig

ungesellig		*gesellig*
asocial, e	≠	sociable
peu sociable		aimable
solitaire		avenant, e
reclus, e		affable
introverti, e		attentionné, e

colérique = cholerisch **facile à vivre** = gelassen

cholerisch		*gelassen*
colérique	≠	facile à vivre
irritable		accomodant, e
irascible		arrangeant, e
rageur, -euse		flexible
ombrageux, -euse		complaisant, e

silencieux, -euse = schweigsam **bavard, e** = redelustig

schweigsam		*redelustig*
calme	≠	bavard, e
discret, -ète		loquace
taciturne		causant, e
renfermé, e		parlant, e
silencieux, -euse		éloquent, e

faul	≠	fleißig
paresseux, -euse fainéant, e nonchalant, e flâneur, -euse flemmard, e	≠	diligent, e assidu, e attentionné, e studieux, -euse travailleur, -euse

paresseux, -euse = faul

diligent, e = fleißig

apathisch	≠	enthusiastisch
apathique indifférent, e inerte mou, molle amorphe	≠	enthousiaste passionné, e exalté, e fervent, e ardent, e

apathique = apathisch **enthousiaste** = enthusiastisch

inaktiv	≠	aktiv
inactif, -ive stagnant, e désœuvré, e inerte oisif, -ive	≠	actif, -ive prompt, e fringant, e dynamique éveillé, e

inactif, -ive = inaktiv

actif, -ive = aktiv

désorganisé, e = unorganisiert

bien organisé, e = gut organisiert

unorganisiert gut organisiert

désorganisé, e	≠	bien organisé, e
désordonné, e		structuré, e
chaotique		méthodique
brouillon, ne		ordonné, e
tumultueux, -euse		harmonisé, e

pessimiste = pessimistisch **optimiste** = optimistisch

pessimistisch optimistisch

pessimiste	≠	optimiste
alarmiste		positif, -ive
inquiet, -iète		plein d'espoir
bileux, -euse		insouciant, e
défaitiste		présomptueux, -euse

Ist es dir gelungen, die Begriffe den Temperamenten zuzuordnen? Und hat es dir Spaß gemacht?
Damit sind wir am Ende des Buches angelangt.

Jetzt kennst du meine fünf Vergissmeinnicht-Blätter. Und du bist vertraut damit, wie sie dir beim Vokabellernen täglich hilfreich zur Seite stehen können.

Du weißt, was Vokabelgesichter, -herzen und -hintern bedeuten. Und mit ihnen kannst du zum Meister der Sprache werden.

Die unbekannten Vokabeln sind dadurch kein feindlicher Dämon mehr für dich, sondern etwas, was es mit Freude und mit Elan zu erobern gilt. Und das wirst du mit den Techniken spielend bewältigen.

Zusätzlich kennst du die Temperamente der Menschen und ihre Wirkung auf Menschen. Im Guten wie im Schlechten.

Und das Schönste an allem ist: Das, was ich dir in dem Buch vorgestellt habe, ist nichts in sich Fertiges und Abgeschlossenes, sondern etwas, das selbstständig mit Eigendynamik weiter wachsen wird.

So kann das lästige Büffeln für dich zu einer freudvollen Lust werden!

Und genau so sollte es sein, und genau so will es dein lernbegieriges Gehirn. Es wird sich von dir verstanden und ernst genommen fühlen.

Und dafür wird es dich mit Zusammenarbeit, Interesse und Intelligenz belohnen.

Ich wünsche dir von Herzen sprudelnde Freude und ungebremsten Erfolg mit jeder einzelnen neuen Vokabel.

Tien Tammada

Danksagung

Nach allen heiteren, bedeutsamen und geheimnisvollen Worten über die französische Sprache möchte ich die letzte Seite in diesem Buch nur noch mit einem füllen: mit Dankesworten an die Menschen, die mir geduldig, ideenreich und liebevoll geholfen haben, dieses Buch entstehen zu lassen. Lieber Kirkbura Yomnage, lieber K. Kiattisak, euch beiden danke ich für eure pfiffigen und lustigen Illustrationen, ohne die das Buch nur halb so wertvoll wäre. Ihr habt mich dabei so hervorragend unterstützt, Heiterkeit und Freude in das sonst so ernste Gebiet der Vokabeln zu bringen.
Lieber Hubert Möller, lieber Veerapat Srisuntisuk, lieber Daniel Monnin, danke euch dreien, dass ihr mich mit so viel Geduld und Mühe dabei unterstützt habt, mein Buch zu übersetzen. Ein Buch erfolgreich von einer Sprache in die andere zu übersetzen bedeutet weit mehr, als nur eine Wort-zu-Wort-Übersetzung. Ihr versteht euch in der Kunst hervorragend, den Sinn und den Geist eines Textes in eure Übersetzung mit aufzunehmen. Danke dafür.
Liebe Ute Möller, deine Augen finden wie ein Adler seine Beute, wirklich jeden Fehler. Herzlichen Dank für deine Mühe und Ausdauer.
Und schließlich und letztlich möchte ich mich noch bei dir, lieber Leser bedanken. Dafür, dass du dich von mir für das herrliche Gebiet des Sprachen-Lernens und -Durchblickens hast begeistern lassen. Ohne dich wäre das Buch wertlos und meine Mühe vergebens.
Danke euch allen!

Euer
Tien Tammada

Besser (qu)wissen - 250x Rätselspaß

- In 250 abwechslungsreichen Rätseln die Sprachkenntnisse aufpeppen.
- Viele zusätzliche Erläuterungen und Tipps verraten allerlei Nützliches und Erstaunliches über Sprache und Kultur.
- 3 Schwierigkeitsgrade von leicht bis knifflig und die praktische Blockform ermöglichen gezieltes Üben für zwischendurch.

Für alle Rätselfreunde und Landesliebhaber, die mit Spaß Französisch lernen wollen!

ISBN: 978-3-12-562986-8
[D] 6,00 € **[A]** 6,20 €

Für Lerner mit Vorkenntnissen

www.pons.de